Dino Reisner / Siegmund Dunker

EM 2024

Alles zur Fußball-Europameisterschaft in Deutschland

DIE MANNSCHAFTEN • DIE STARS • DIE STADIEN

IMPRESSUM

Einbandgestaltung: Luis dos Santos

Umschlagsbilder: Getty Images

Alle Texte: Siegmund Dunker, Dino Reisner
Die Fertigstellung dieses Buches erfolgte mit dem Redaktionsschluss am 6. Dezember 2023.

Bildnachweis: Alle Bilder von Getty Images mit Ausnahme der Porträts auf den Seiten 22–29 (© by Thomas Böcker/DFB) sowie Seite 13 (Shutterstock) und Karte Seite 88 (Shutterstock).

Eine Haftung der Autoren oder des Verlages und seiner Beauftragten für Personen-, Sach- und Vermögensschäden ist ausgeschlossen.

ISBN 978-3-613-50958-0

Copyright © by Verlag pietsch,
Postfach 103743, 70032 Stuttgart
Ein Unternehmen der Paul Pietsch Verlage GmbH & Co. KG

Sie finden uns im Internet unter
WWW.PIETSCH-VERLAG.DE

1. Auflage 2023

Nachdruck, auch einzelner Teile, ist verboten. Das Urheberrecht und sämtliche weitere Rechte sind dem Verlag vorbehalten. Übersetzung, Speicherung, Vervielfältigung und Verbreitung einschließlich Übernahme auf elektronische Datenträger wie CD-ROM, DVD usw. sowie Einspeicherung in elektronische Medien wie Internet usw. ist ohne vorherige schriftliche Genehmigung des Verlages unzulässig und strafbar.

Projektkoordination und Lektorat: Niko Schmidt
Innengestaltung: tebitron gmbh, Gerlingen
Druck und Bindung: DZS Grafik, Ljubljana

INHALT

SPIELPLAN	12	**GRUPPE E**	66
STARS & STORYS	14	**GRUPPE F**	74
DER WEG ZUR EM	16	**EM-QUALIFIKATION**	82
DAS DEUTSCHE TEAM	18	**DIE PLAYOFFS**	86
GRUPPE A	30	**EM-STADIEN**	88
GRUPPE B	38	**EM-HISTORIE**	110
GRUPPE C	48	**EM-REKORDE**	126
GRUPPE D	58		

ANPFIFF

Am Freitag, 14. Juni 2024, wird in der Münchner Allianz Arena um 21 Uhr Ortszeit der Anpfiff zur 17. Fußball-Europameisterschaft ertönen, der zweiten auf deutschem Boden nach 1988 und der ersten im wiedervereinigten Deutschland. Die Organisatoren erhoffen sich eine ähnliche Begeisterung wie bei der Weltmeisterschaft 2006, dem bislang letzten Fußballgroßereignis hierzulande. Von dem bis heute als Sommermärchen in Erinnerung gebliebenen Turnier wurde das bewährte Spielplanmuster übernommen: Das Eröffnungsspiel findet in München statt, die Halbfinalspiele werden in München und Dortmund ausgetragen, und das altehrwürdige Olympiastadion in Berlin wird als Endspielort dienen.

HOFFNUNGSTRÄGER

Bei der EM 1988 und der WM 2006 endete der Weg der deutschen Nationalmannschaft vor heimischer Kulisse jeweils im Halbfinale. Diesmal soll es eine Runde weitergehen oder am Ende gar wie bei der WM 1974 der Titel stehen. Große Hoffnungen ruhen dabei auf dem neuen Bundestrainer Julian Nagelsmann (Mitte), der zehn Monate vor EM-Beginn den erfolglosen Hansi Flick im höchsten Traineramt im deutschen Fußball abgelöst hat. Mit 36 Jahren wird der Oberbayer der jüngste Trainer sein, der jemals eine deutsche Nationalmannschaft in ein Turnier führt. In den ersten Tagen seiner Amtszeit, die vorerst nur bis zum Ende der EM datiert ist, sorgte der ehemalige Trainer der Bundesligisten TSG 1899 Hoffenheim, RB Leipzig und FC Bayern München für Aufbruchstimmung. Durch die Niederlagen in den zwei letzten Länderspielen des Jahres 2023 gegen die Türkei und in Österreich erhielt diese jedoch schnell wieder einen Dämpfer.

AUSSENSEITER

Große Turniere leben auch von vermeintlich kleinen Teams. Wie die EM 2016 von Island, das sich bei seiner ersten Teilnahme überhaupt ins Viertelfinale und in die Herzen der Fans spielte. Oder zuletzt die WM 2022 von Marokko, das sensationell sogar das Halbfinale erreichte. Bei der EM 2024 geht Slowenien als einer der großen Außenseiter an den Start. Das Team aus der gerade einmal 2,1 Millionen Einwohner zählenden Alpenrepublik ist erstmals seit 24 Jahren und erst zum zweiten Mal überhaupt bei einer EM dabei. Torhüter Jan Oblak von Atlético Madrid und Angreifer Benjamin Sesko von RB Leipzig sind die Stars des Teams, das sein EM-Ticket am letzten Spieltag der Qualifikation mit einem 2:1-Heimsieg gegen Verfolger Kasachstan löste, und diesen Erfolg nach Abpfiff wie einen Titelgewinn feierte.

AUSLOSUNG

In einer farbenfrohen und mit mehreren musikalischen Einlagen untermalten – vielen auch zu pompösen – Zeremonie wurden am 2. Dezember 2023 vor rund 2000 geladenen Gästen im Großen Saal der Hamburger Elbphilharmonie die sechs Vorrundengruppen ausgelost. Die Ziehung an sich nahm weniger als die Hälfte der 55-minütigen Show ein. Gastgeber Deutschland war als Kopf von Gruppe A gesetzt, die anderen Teams wurden entsprechend ihres Abschneidens in der EM-Qualifikation in vier Lostöpfe eingeteilt, Titelverteidiger Italien landete nach seinem schwachen Abschneiden nur im vierten. Zehn europäische Fußballlegenden zogen die Lose, der Niederländer Wesley Sneijder, der Franzose Blaise Matuidi und der Däne Brian Laudrup bescherten der DFB-Elf lösbare Aufgaben gegen Ungarn, Schottland und die Schweiz.

SPIELPLAN

GRUPPE A

Deutschland – Schottland
Freitag, 14. Juni, 21 Uhr, München

Ungarn – Schweiz
Samstag, 15. Juni, 15 Uhr, Köln

Deutschland – Ungarn
Mittwoch, 19. Juni, 18 Uhr, Stuttgart

Schottland – Schweiz
Mittwoch, 19. Juni, 21 Uhr, Köln

Schweiz – Deutschland
Sonntag, 23. Juni, 21 Uhr, Frankfurt

Schottland – Ungarn
Sonntag, 23. Juni, 21 Uhr, Stuttgart

GRUPPE B

Spanien – Kroatien
Samstag, 15. Juni, 18 Uhr, Berlin

Italien – Albanien
Samstag, 15. Juni, 21 Uhr, Dortmund

Kroatien – Albanien
Mittwoch, 19. Juni, 15 Uhr, Hamburg

Spanien – Italien
Donnerstag, 20. Juni, 21 Uhr, Gelsenkirchen

Kroatien – Italien
Montag, 24. Juni, 21 Uhr, Leipzig

Albanien – Spanien
Montag, 24. Juni, 21 Uhr, Düsseldorf

GRUPPE C

Slowenien – Dänemark
Sonntag, 16. Juni, 18 Uhr, Stuttgart

Serbien – England
Sonntag, 16. Juni, 21 Uhr, Gelsenkirchen

Slowenien – Serbien
Donnerstag, 20. Juni, 15 Uhr, München

Dänemark – England
Donnerstag, 20. Juni, 18 Uhr, Frankfurt

England – Slowenien
Dienstag, 25. Juni, 21 Uhr, Köln

Dänemark – Serbien
Dienstag, 25. Juni, 21 Uhr, München

ACHTELFINALE (AF)

Sicher für das Achtelfinale qualifizieren sich die Sieger und Zweiten der sechs Gruppen. Zusätzlich ziehen auch die vier besten Gruppendritten in die Runde der besten 16 ein.

AF1	Samstag, 29. Juni, 18 Uhr, Berlin **Zweiter Gruppe A – Zweiter Gruppe B**
AF2	Samstag, 29. Juni, 21 Uhr, Dortmund **Sieger Gruppe A – Zweiter Gruppe C**
AF3	Sonntag, 30. Juni, 18 Uhr, Gelsenkirchen **Sieger Gruppe C – Dritter Gruppe D/E/F**
AF4	Sonntag, 30. Juni, 21 Uhr, Köln **Sieger Gruppe B – Dritter Gruppe A/D/E/F**
AF5	Montag, 1. Juli, 18 Uhr, Düsseldorf **Zweiter Gruppe D – Zweiter Gruppe E**
AF6	Montag, 1. Juli, 21 Uhr, Frankfurt **Sieger Gruppe F – Dritter Gruppe A/B/C**
AF7	Dienstag, 2. Juli, 18 Uhr, München **Sieger Gruppe E – Dritter Gruppe A/B/C/D**
AF8	Dienstag, 2. Juli, 21 Uhr, Leipzig **Sieger Gruppe D – Zweiter Gruppe F**

VIERTELFINALE (VF)

VF1	Freitag, 5. Juli, 18 Uhr, Stuttgart **Sieger AF3 – Sieger AF1**
VF2	Freitag, 5. Juli, 21 Uhr, Hamburg **Sieger AF5 – Sieger AF6**
VF3	Samstag, 6. Juli, 18 Uhr, Düsseldorf **Sieger AF4 – Sieger AF2**
VF4	Samstag, 6. Juli, 21 Uhr, Berlin **Sieger AF7 – Sieger AF8**

GRUPPE D

Sieger Playoff A

Sieger Playoff A – Niederlande
Sonntag, 16. Juni, 15 Uhr, Hamburg

Österreich – Frankreich
Montag, 17. Juni, 21 Uhr, Düsseldorf

Sieger Playoff A – Österreich
Freitag, 21. Juni, 18 Uhr, Berlin

Niederlande – Frankreich
Freitag, 21. Juni, 21 Uhr, Leipzig

Frankreich – Sieger Playoff A
Dienstag, 25. Juni, 18 Uhr, Dortmund

Niederlande – Österreich
Dienstag, 25. Juni, 18 Uhr, Berlin

GRUPPE E

 Sieger Playoff B

Rumänien – Sieger Playoff B
Montag, 17. Juni, 15 Uhr, München

Belgien – Slowakei
Montag, 17. Juni, 18 Uhr, Frankfurt

Slowakei – Sieger Playoff B
Freitag, 21. Juni, 15 Uhr, Düsseldorf

Belgien – Rumänien
Samstag, 22. Juni, 21 Uhr, Köln

Sieger Playoff B – Belgien
Mittwoch, 26. Juni, 18 Uhr, Stuttgart

Slowakei – Rumänien
Mittwoch, 26. Juni, 18 Uhr, Frankfurt

GRUPPE F

 Sieger Playoff C

Türkei – Sieger Playoff C
Dienstag, 18. Juni, 18 Uhr, Dortmund

Portugal – Tschechien
Dienstag, 18. Juni, 21 Uhr, Leipzig

Sieger Playoff C – Tschechien
Samstag, 22. Juni, 15 Uhr, Hamburg

Türkei – Portugal
Samstag, 22. Juni, 18 Uhr, Dortmund

Tschechien – Türkei
Mittwoch, 26. Juni, 21 Uhr, Hamburg

Sieger Playoff C – Portugal
Mittwoch, 26. Juni, 21 Uhr, Gelsenkirchen

HALBFINALE (HF)

HF1
Dienstag, 9. Juli, 21 Uhr, München
Sieger VF1 – Sieger VF2

HF2
Mittwoch, 10. Juli, 21 Uhr, Dortmund
Sieger VF3 – Sieger VF4

FINALE

Sonntag, 14. Juli, 21 Uhr, Berlin
Sieger HF1 – Sieger HF2

STARS & STORYS

BEGEHRTE EINTRITTSKARTEN

Lange war die Vorfreude auf die EM verhalten. Dies änderte sich schlagartig mit Beginn des Kartenverkaufs am 3. Oktober 2023. Über 20 Millionen Anträge gingen auf der UEFA-Website in der ersten Verkaufsphase für 1,2 Millionen Tickets ein, 65 Prozent davon aus Deutschland. Die Preisspanne reichte von 30 Euro für ein Gruppenspiel bis zu 1000 Euro fürs Finale. Die Zuteilung erfolgte per Losverfahren. Nach der Gruppenauslosung begann im Dezember auf den Webseiten der nationalen Verbände die zweite Verkaufsphase für eine weitere Million Tickets. Von insgesamt 2,7 Millionen Eintrittskarten für 51 EM-Spiele gingen über 80 Prozent in den freien Verkauf. Die restlichen sind für Partner der UEFA sowie die Ausrichterstädte reserviert. Tickets gibt es nur in digitaler und – um einen Schwarzmarkt zu verhindern – in personalisierter Form.

COPA AMERICA

Die Europameisterschaft ist nicht das einzige große Turnier im Sommer 2024. Nahezu zeitgleich treffen sich vom 20. Juni bis 14. Juli die besten Mannschaften Südamerikas zu ihrer Kontinentalmeisterschaft, der Copa America. Seit 1993 werden auch Teams aus Nord- und Mittelamerika sowie Asien eingeladen. 2019 wurde beschlossen, die Copa America nicht mehr zu ungeraden Jahreszahlen auszutragen, sondern parallel zur EM. Nach dem Verzicht Ecuadors wurde das Turnier 2024 an die USA vergeben, auch als Probelauf für die WM zwei Jahre später. Rekordsieger sind mit je 15 Titeln Argentinien und Uruguay. Die Argentinier gehen diesmal als Titelverteidiger an den Start. 2021 in Brasilien feierte Weltfußballer Lionel Messi (Foto) seinen ersten großen Titel mit der Nationalmannschaft, ein Jahr später ließ er den bei der WM folgen.

DIE MEISTEN TITEL

Rekordweltmeister ist Brasilien mit fünf Titeln (zuletzt 2002). Rekordeuropameister sind Deutschland und Spanien mit jeweils drei Titeln. Die DFB-Elf gewann 1972 in Belgien (Foto), 1980 in Italien und zuletzt 1996 in England. Die Furia Roja tat dies 1964 im eigenen Land und dann zweimal hintereinander 2008 in Österreich und der Schweiz sowie 2012 in Polen und der Ukraine. Je zweimal triumphierten Italien und Frankreich: die Squadra Azzurra 1968 im eigenen Land und dann erst wieder 53 Jahre später bei dem europaweit ausgetragenen Turnier 2021, die Equipe Tricolore 1984 ebenfalls im eigenen Land und 2000 in Belgien und den Niederlanden. Je einen Titel gewannen die Sowjetunion bei der ersten EM 1960, die Tschechoslowakei 1976, die Niederlande 1988, Dänemark 1992, Griechenland 2004 und Portugal 2016.

VIDEOBEWEIS IN LEIPZIG

Sportlich ist Leipzig mit drei Gruppenspielen und einem Achtelfinale eher ein Nebenschauplatz der EM. Dennoch werden in der Sachsenmetropole wichtige Entscheidungen für den Turnierverlauf getroffen. Auf dem Messegelände im Norden der Stadt werden die insgesamt 24 Videoschiedsrichter aus aller Herren Länder sitzen (vier pro Partie) und an den Bildschirmen umstrittene Spielszenen bewerten – in unmittelbarer Nachbarschaft zum Medienzentrum der EM, im Fachjargon International Broadcast Center (IBC). Bei großen Turnieren gibt es den Videobeweis seit der Weltmeisterschaft 2018 in Russland. Bei der europaweit ausgetragenen EM 2021 arbeiteten die Videoschiedsrichter in Räumlichkeiten in der UEFA-Zentrale in Nyon. Die EM-Schiedsrichter werden in Frankfurt untergebracht und von dort zu den Spielorten ausströmen.

PROMINENTE EM-BOTSCHAFTER

1980 gewann Harald „Toni" Schumacher mit der deutschen Nationalmannschaft den EM-Titel. Vier Jahrzehnte später ist der Kulttorhüter der offizielle EM-Botschafter seiner Heimatstadt Köln. Der 76-malige Nationalspieler wurde als eine von zehn Persönlichkeiten ausgewählt, die in den zehn EM-Städten als Botschafter auftreten und die Organisatoren vor Ort in der Vorbereitung und Durchführung unterstützen. Acht von ihnen haben eine Fußballvergangenheit: Außer Toni Schumacher auch Martina Voss-Tecklenburg in Düsseldorf, Roman Weidenfeller in Dortmund, Gerald Asamoah in Gelsenkirchen, Alexander Meier in Frankfurt, Cacau in Stuttgart, Felix Brych in München und Kevin-Prince Boateng in Berlin. Patrick Esume in Hamburg kommt aus dem American Football, und Jörg Junhold in Leipzig ist der Direktor des örtlichen Zoos.

HENRI-DELAUNAY-POKAL

Der goldene Pokal für den Weltmeister und der silberne Henkelpott für den Gewinner der Champions League sind die bekanntesten Trophäen im Weltfußball. Weniger geläufig ist der Pokal für den Europameister. Dabei hat er als einer der wenigen im Fußball einen richtigen Namen: Benannt ist der acht Kilogramm schwere und 60 Zentimeter hohe Silberkelch nach dem Franzosen Henri Delaunay, dem ersten Generalsekretär der UEFA und „geistigen Vater" der Europameisterschaft. Verliehen wurde der Henri-Delaunay-Pokal erstmals bei der EM 1960. Vor der EM 2008 wanderte der ursprüngliche Pokal mit dem unhandlichen Marmorsockel in eine Vitrine in der UEFA-Zentrale in Nyon und wurde durch eine elegantere, 18 Zentimeter längere Version ersetzt. Der Henri-Delaunay-Pokal ist ein Wanderpokal und bleibt im Eigentum der UEFA.

27. September 2018: Der Moment der Entscheidung: UEFA-Präsident Aleksander Ceferin präsentiert den Ausrichter der EM 2024.

DER WEG ZUR EM

23. Oktober 2013: Das DFB-Präsidium unter Vorsitz von Wolfgang Niersbach beschließt beim Bundestag in Nürnberg eine Kandidatur für die Ausrichtung des EM-Turniers 2024 – zusätzlich zu der bereits laufenden Bewerbung für die Halbfinalspiele und das Finale bei der paneuropäischen EM 2020 mit Spielort München.

11. Mai 2015: Aus taktischen Gründen zieht der DFB am Morgen vor der entscheidenden Sitzung des UEFA-Exekutivkomitees in Genf seine Bewerbung für die Halbfinalspiele und das Finale der EM 2020 zurück. Dadurch erhofft er sich bessere Chancen auf die Ausrichtung der EM 2024. Den Zuschlag für 2020 erhält mit dem englischen Verband und dem Spielort London der einzig verbliebene Anwärter.

28. Februar 2016: Die Verbände aus Schweden, Norwegen, Dänemark, Finnland und Island kündigen an, eine gemeinsame Bewerbung für die EM 2024 zu prüfen.

20. Januar 2017: Das neuformierte DFB-Präsidium unter Vorsitz von Reinhard Grindel entscheidet bei seiner Sitzung in Frankfurt/Main, sich mit zehn Spielorten um die EM 2024 zu bewerben. Städte und Stadionbetreiber können innerhalb der nächsten vier Wochen ihr Interesse hinterlegen und innerhalb der nächsten vier Monate ihre Bewerbungsunterlagen einreichen.

15. Februar 2017: Nach den gescheiterten Kandidaturen für die EM-Turniere 2008, 2012 und 2016 kündigt der türkische Verbandsboss Yildirim Demiroren einen weiteren Anlauf für die EM 2024 an.

24. Februar 2017: Die fünf nordischen Verbände aus Schweden, Norwegen, Dänemark, Finnland und Island einigen sich bei einer Sitzung in Kopenhagen, aufgrund der unzureichenden Stadioninfrastruktur auf eine Bewerbung zu verzichten.

15. September 2017: 14 Städte hatten sich beim DFB um EM-Spiele beworben. Nach einem Auswahlverfahren mit insgesamt 103 Kriterien erhalten Nürnberg, Hannover, Mönchengladbach und Bremen eine Absage. Den Zuschlag bekommen – in dieser Reihenfolge – Berlin, München, Düsseldorf, Stuttgart, Hamburg, Köln, Leipzig, Dortmund, Gelsenkirchen und Frankfurt.

14. November 2017: Der DFB präsentiert für die EM-Bewerbungskampagne den Slogan „United by Football – Vereint im Herzen Europas". Dieser wird später auch für das EM-Turnier übernommen.

8. Dezember 2017: Auf dem DFB-Bundestag in Frankfurt/Main wird Ex-Nationalspieler Philipp Lahm, Kapitän des Weltmeisterteams von 2014, als Botschafter der EM-Bewerbung vorgestellt.

24. April 2018: In Nyon/Schweiz übergibt die DFB-Delegation, bestehend aus Präsident Reinhard Grindel, Generalsekretär Friedrich Curtius, EM-Botschafter Philipp Lahm und DFB-Integrationsbotschafterin Celia Sasic, die 868 Seiten starke EM-Bewerbungsmappe (Bid Book) an UEFA-Generalsekretär Theodore Theodoridis. Hinzu kommt ein 760 Seiten umfassender Anhang mit Unterstützungsschreiben.

27. April 2018: Zum Ablauf der Frist sind Deutschland und die Türkei die einzigen Kandidaten für die Ausrichtung der EM 2024.

27. September 2018: Deutschland erhält den Zuschlag für die Ausrichtung der EM 2024. Bei der entscheidenden Sitzung des UEFA-Exekutivkomitees in Nyon setzt sich die Bewerbung des DFB mit 12:4 Stimmen gegen die der Türkei durch.

2. April 2019: Reinhard Grindel tritt mit sofortiger Wirkung vom Amt als DFB-Präsident zurück. Gründe dafür sind die öffentliche Kritik an seinem Führungsstil sowie ein Verstoß gegen die Compliance-Richtlinien des Verbandes.

12. Juni 2019: Der DFB gründet die DFB EURO GmbH, deren Aufgabe die Organisation der vier Spiele bei der paneuropäischen EM 2020 in München und die Vorbereitung der EM 2024 sind. Geschäftsführer werden Philipp Lahm und Markus Stenger, zuletzt Leiter des EM-Bewerbungsverfahrens.

8. Dezember 2020: Die UEFA vergibt das internationale EM-Medienzentrum IBC nach Leipzig. Das Messegelände der Sachsenmetropole setzte sich gegen Mitbewerber Essen durch.

10. Dezember 2020: Die EM-Organisationsgesellschaft EURO 2024 GmbH mit Sitz in Frankfurt/Main, ein Joint Venture von DFB EURO GmbH und UEFA Events SA, wird gegründet. Andreas Schär von der UEFA und Markus Stenger vom DFB übernehmen die Geschäftsführung, Philipp Lahm wird Turnierdirektor.

1. August 2021: Als Nachfolger von Joachim Löw wird dessen langjähriger Assistent (2006 bis 2014) Hansi Flick zum neuen Bundestrainer berufen. Flick kehrt vom FC Bayern München zum DFB zurück und unterschreibt einen Vertrag bis einschließlich der EM 2024.

5. Oktober 2021: Im Berliner Olympiastadion wird das von der US-Agentur VMLY&R entwickelte offizielle EM-Logo enthüllt. In dessen Mittelpunkt steht der EM-Pokal, umringt von 24 Farbfeldern, die für die Anzahl der EM-Teilnehmer stehen sollen. Die Form des Logos soll eine Referenz an das Dach des Berliner Olympiastadions darstellen.

11. März 2022: Bernd Neuendorf wird zum neuen DFB-Präsidenten gewählt. Der Dürener soll den Verband zwei Jahre vor der EM in ruhigere Fahrwasser führen, nachdem zuvor Wolfgang Niersbach (2015), Reinhard Grindel (2019) und Fritz Keller (2021) vorzeitig von diesem Amt zurückgetreten waren.

9. Oktober 2022: In der Frankfurter Festhalle werden die Gruppen für die EM-Qualifikation ausgelost. 53 Mannschaften ermitteln von März bis November 2023 in zehn Gruppen 20 EM-Teilnehmer, Russland wird wegen des Angriffskrieges gegen die Ukraine ausgeschlossen, Deutschland ist als Gastgeber automatisch dabei. Die letzten drei Startplätze werden in Playoff-Spielen im März 2024 vergeben.

20. Juni 2023: Vor dem Länderspiel in Gelsenkirchen gegen Kolumbien stellt der DFB das noch namenlose EM-Maskottchen vor: einen Teddybären mit großem Kopf, kurzen Armen und kurzen Beinen. In den folgenden zwei Wochen können Fans auf der UEFA-Webseite und Kinder aus dem UEFA-Schulfußballprogramm über dessen Namen abstimmen.

5. Juli 2023: Bei der Namensfindung setzt sich Albärt mit 32 Prozent gegen Bärnardo (29 Prozent), Bärnheart (22) und Herzi von Bär (17) durch.

10. September 2023: Nach einer Serie von fünf sieglosen Spielen, darunter vier Niederlagen, wird Hansi Flick als Bundestrainer freigestellt. Als Nachfolger wird zwölf Tage später Julian Nagelsmann präsentiert, der einen Vertrag bis einschließlich der EM 2024 unterschreibt.

3. Oktober 2023: Auf dem Onlineportal der UEFA beginnt die erste Ticketverkaufsphase. Fans haben 23 Tage lang Zeit, sich für 1,2 der insgesamt 2,7 Millionen Eintrittskarten zu bewerben, die per Losverfahren zugeteilt werden.

2. Dezember 2023: Obwohl erst 21 der 24 Teilnehmer feststehen, werden in der Hamburger Elbphilharmonie die sechs EM-Vorrundengruppen ausgelost.

DAS DEUTSCHE TEAM

Bis zur Bekanntgabe des deutschen EM-Kaders vergehen noch einige Monate. Seit Julian Nagelsmann im vergangenen September den glücklosen Hansi Flick an der Seitenlinie abgelöst hat, lässt sich eines aber schon sicher sagen: Der neue Bundestrainer forciert einen Mentalitätswandel und setzt verstärkt auf erfahrene Spieler. Ein Blick auf die aussichtsreichsten DFB-Kandidaten für die Heim-EM:

Manuel Neuer
Tor

Galt lange als unantastbar. Doch eine fast einjährige Verletzungspause aufgrund einer Unterschenkelfraktur, die er sich im Dezember 2022 bei einem Skiunfall zugezogen hatte, rüttelte gewaltig an seinem Status. Es bleibt abzuwarten, ob der 37-Jährige noch einmal sein gewohntes Leistungsniveau erreicht. Eine Heim-EM ohne den langjährigen Kapitän wäre dennoch eine Überraschung.

27.03.1986
FC Bayern München

Länderspiele: 117
Tore: 0
EM-Teilnahmen: 3

Kevin Trapp
Tor

Der Frankfurter zählt seit Jahren zu den zuverlässigsten Torhütern in der Bundesliga und übernimmt in der Nationalmannschaft klaglos die Rolle der Nummer drei. Stand bereits bei den vergangenen drei großen Turnieren im deutschen Aufgebot und dürfte auch bei der Heim-EM den Vorzug vor Bernd Leno erhalten.

08.07.1990
Eintracht Frankfurt

Länderspiele: 9
Tore: 0
EM-Teilnahmen: 1

Marc-André ter Stegen
Tor

Stand lange im Schatten von Neuer, obwohl er beim FC Barcelona zu einem der besten Torhüter der Welt reifte. Während Neuers Absenz übernahm er die Rolle als Nummer eins, und auch wenn seine Leistungen eher solide als spektakulär waren, gibt es wenig Grund, ihn aus dem Tor zu nehmen. Ter Stegen ist ein mitspielender Torhüter mit starker Technik, dazu sehr reaktionsschnell.

30.04.1992
FC Barcelona

Länderspiele: 38
Tore: 0
EM-Teilnahmen: 1

Niklas Süle
Abwehr

An guten Tagen ist er eine Wand, an der gegnerische Angreifer einfach abprallen. Süle brachte schon immer das Talent für eine Weltklasse-Karriere mit, doch Verletzungen und Vorwürfe mangelnder Professionalität begleiten seit Jahren seinen Weg. Im DFB-Trikot sowohl als Innenverteidiger als auch als Rechtsverteidiger gefragt, dabei häufig mit stark schwankenden Leistungen.

03.09.1995
Borussia Dortmund

Länderspiele: 49
Tore: 1
EM-Teilnahmen: 1

Mats Hummels
Abwehr

Es schien ganz so, als würde seine DFB-Karriere ein abruptes, unrühmliches Ende nehmen. Nachdem Hansi Flick im Anschluss an die EM 2021 Joachim Löw als Bundestrainer abgelöst hatte, wurde der langjährige Abwehrchef konsequent ignoriert. Nagelsmann holte Hummels nun zurück. Mit fast 35 Jahren mag er nicht der Schnellste sein, doch sein Stellungsspiel und seine Abgeklärtheit können dem Team immer noch helfen.

16.12.1988
Borussia Dortmund

Länderspiele: 78
Tore: 5
EM-Teilnahmen: 3

David Raum
Abwehr

Seit Jahren dürstet Fußball-Deutschland nach einem adäquaten Linksverteidiger. Raum bringt viele Qualitäten mit, die von modernen Linksverteidigern erwartet werden. Er ist sehr dynamisch im Spiel nach vorne, seine Flanken zeichnet eine hohe Präzision aus. Im Defensivverhalten offenbart er aber immer noch Schwächen, weshalb er um seinen Stammplatz bangen muss.

22.04.1998
RB Leipzig

Länderspiele: 19
Tore: 0
EM-Teilnahmen: 0

Christian Günter
Abwehr

Mit beständig guten Leistungen verdiente sich der Kapitän des SC Freiburg die Berufung in den deutschen Kader für die WM 2022, wo er allerdings nicht zum Einsatz kam. Verpasste wegen eines Armbruchs auch die letzten Länderspiele dieses Jahres. Wenn er fit ist, überzeugt er mit Robustheit und dynamischen Vorstößen. Gehört als Linksverteidiger zudem einer raren Spezies in Deutschland an.

28.02.1993
SC Freiburg

Länderspiele: 8
Tore: 0
EM-Teilnahmen: 0

Jonathan Tah
Abwehr

Gewann 2015 als bester Nachwuchsspieler des Jahres die Fritz-Walter-Medaille und schaffte als 20-Jähriger den Sprung in den EM-Kader 2016. Nach diesem verheißungsvollen Start geriet seine Profikarriere in den Folgejahren allerdings ins Stocken, die erhoffte Entwicklung zum Weltklasseverteidiger blieb aus. Spielte sich mit überragenden Leistungen für Leverkusen nun aber zurück ins DFB-Team.

11.02.1996
Bayer Leverkusen

Länderspiele: 21
Tore: 0
EM-Teilnahmen: 1

Malick Thiaw
Abwehr

Der 22-Jährige könnte in Zukunft eine bedeutende Rolle in der deutschen Innenverteidigung spielen. Der ehemalige Schalker etablierte sich in dieser Saison beim AC Mailand als Stammkraft und überzeugte auch in der Champions League. Bei seinen bisherigen Einsätzen im DFB-Dress wusste Thiaw mit seiner Schnelligkeit und seinem Antizipationsvermögen ebenfalls zu überzeugen.

08.08.2001
AC Mailand

Länderspiele: 3
Tore: 0
EM-Teilnahmen: 0

Robin Gosens
Abwehr

Der Linksverteidiger war mit seinem unermüdlichen Offensivdrang einer der deutschen Lichtblicke bei der verkorksten EM 2021. Kam nach seinem Wechsel zu Inter Mailand allerdings völlig aus dem Tritt und verpasste die WM in Katar. Rückte erst durch seinen Sommer-Transfer zu Union Berlin wieder in den Blickpunkt und stand bei den ersten beiden Länderspielen unter Nagelsmann in der Startelf.

05.07.1994
1. FC Union Berlin

Länderspiele: 20
Tore: 2
EM-Teilnahmen: 1

Benjamin Henrichs
Abwehr

Debütierte als 19-Jähriger in der A-Nationalmannschaft, verschwand dann allerdings lange in der Versenkung, weil er zu wenig aus seinem Talent machte. Seine Vielseitigkeit geriet ihm dabei eher zum Nachteil, weil er auf keiner Position ein Zuhause fand. Erst bei RB Leipzig, wo er mittlerweile konstant als Rechtsverteidiger überzeugt, spielte er sich wieder ins Blickfeld des DFB.

23.02.1997
RB Leipzig

Länderspiele: 13
Tore: 0
EM-Teilnahmen: 0

Nico Schlotterbeck
Abwehr

Der Innenverteidiger bringt alles für eine große Karriere mit. Er ist schnell, resolut in Zweikämpfen und kopfballstark. Allerdings neigt er zum Risiko und unbedachten Aktionen, sodass neben glänzenden Leistungen auch verheerende Auftritte zu seinem Portfolio zählen. Auch Nagelsmann mahnte an, dass Schlotterbeck konstanter werden müsse. Schafft er das, wird er bei der EM dabei sein.

01.12.1999
Borussia Dortmund

Länderspiele: 11
Tore: 0
EM-Teilnahmen: 0

Antonio Rüdiger
Abwehr

Der beste Innenverteidiger, den Deutschland zu bieten hat. Ist aufgrund seiner Athletik im Eins-gegen-Eins kaum zu bezwingen, entwickelte sich seit seinem Wechsel zu Real Madrid im Sommer 2022 auch taktisch noch einmal weiter. Die erheblichen Defensivschwächen des DFB-Teams sind ihm kaum anzulasten, taugt mit seiner Spielweise aber auch nicht für die Rolle als klassischer Ruhepol.

03.03.1993
Real Madrid

Länderspiele: 66
Tore: 3
EM-Teilnahmen: 1

Joshua Kimmich
Mittelfeld

Sein enormer Ehrgeiz hat manchmal auch negative Begleiterscheinungen. Tendiert auf dem Platz dazu, zu viel zu wollen, und neigt zum Hadern. Verpasste krankheitsbedingt die USA-Reise des DFB-Teams, sollte bei der Heim-EM mit seinen Stärken als Balleroberer und Umschaltspieler sowie seiner Siegermentalität erneut ein wichtiger Baustein im DFB-Team sein.

08.02.1995
FC Bayern München

Länderspiele: 82
Tore: 6
EM-Teilnahmen: 2

Leon Goretzka
Mittelfeld

Nach einer enttäuschenden Saison beim FC Bayern verlor Goretzka auch in der Nationalmannschaft an Einfluss. Die Entwicklung gipfelte in der Nicht-Nominierung für zwei Länderspiele im September. Unter Nagelsmann kehrte der 28-Jährige ins Aufgebot zurück. Wenn Goretzka zu seiner alten Form zurückfindet, kann er den Sprung in den EM-Kader schaffen, ein Stammplatz ist unwahrscheinlich.

06.02.1995
FC Bayern München

Länderspiele: 57
Tore: 14
EM-Teilnahmen: 1

Ilkay Gündogan
Mittelfeld

Wie groß das Vertrauen von Nagelsmann in den Mittelfeldstrategen ist, zeigte sich an einer beiläufigen Ankündigung: Auch nach der Rückkehr von Manuel Neuer wird der 33-Jährige, der im Sommer ablösefrei von Manchester City zum FC Barcelona gewechselt war, Kapitän des DFB-Teams bleiben. Dort glänzt er zwar seltener als im Verein, ist mit seiner Ballsicherheit aber dennoch ein entscheidender Faktor.

24.10.1990
FC Barcelona

Länderspiele: 73
Tore: 18
EM-Teilnahmen: 2

Emre Can
Mittelfeld

Mit einer starken Saison 2022/23 für den BVB machte sich der Abräumer auch wieder für die DFB-Auswahl interessant. In der aktuellen Spielzeit läuft es für den 29-Jährigen dagegen noch nicht rund, und auch Nagelsmann verzichtete bei seiner ersten Kadernominierung auf ihn. Mit seiner Erfahrung und Zweikampfstärke bleibt er dennoch ein Kandidat für einen Kaderplatz bei der Heim-EM.

12.01.1994
Borussia Dortmund

Länderspiele: 43
Tore: 1
EM-Teilnahmen: 2

Serge Gnabry
Mittelfeld

Mit seinem Tempo und Spielwitz ist der Flügelstürmer jederzeit für eine entscheidende Aktion gut. Seine Torbilanz im DFB-Trikot ist exzellent und überdeckt die Nonchalance, die Gnabry mitunter im Defensivverhalten zeigt. Auf seiner Position ist die DFB-Auswahl zwar stark besetzt, dennoch dürfte der 28-Jährige bei der Heim-EM eine wichtige Rolle spielen.

14.07.1995
FC Bayern München

Länderspiele: 45
Tore: 22
EM-Teilnahmen: 1

Pascal Groß
Mittelfeld

Spielt seit Jahren in der Premier League auf konstant hohem Niveau, aber flog lange unter dem Radar des DFB, der ihn beharrlich links liegen ließ. Erst mit 32 Jahren feierte der torgefährliche, mit hohem Spielverständnis ausgestattete Mittelfeldspieler sein überfälliges Debüt in der deutschen Nationalmannschaft. Dürfte seine Chancen auf eine EM-Teilnahme seitdem erhöht haben.

15.06.1991
Brighton & Hove Albion

Länderspiele: 4
Tore: 0
EM-Teilnahmen: 0

Thomas Müller
Mittelfeld

Kokettierte nach dem frühen WM-Aus in Katar offen mit seinem Rücktritt, was er hinterher bedauerte. Mit seiner Vielseitigkeit und seiner Erfahrung kann er dem DFB-Team situativ immer noch helfen, auch weil er mit seiner unorthodoxen Spielweise einen völlig anderen Akzent setzt als seine Offensivkollegen. Absolvierte Mitte Oktober beim 2:2 gegen Mexiko sein 125. Länderspiel.

13.09.1989
FC Bayern München

Länderspiele: 125
Tore: 45
EM-Teilnahmen: 3

Jamal Musiala
Mittelfeld

Seine Qualitäten am Ball sind atemberaubend, seine Bewegungen geschmeidig und dynamisch zugleich, sein Spielverständnis herausragend. Der 20-Jährige ist der kreativste Spieler im deutschen Team – und vermutlich auch der talentierteste. Sein einziger Makel ist, dass er seine Torgefährlichkeit, die er beim FC Bayern bereits bewies, noch nicht auf die DFB-Auswahl übertragen konnte.

26.02.2003
FC Bayern München

Länderspiele: 25
Tore: 2
EM-Teilnahmen: 1

Julian Brandt
Mittelfeld

Avancierte bereits als 18-Jähriger zum Stammspieler bei Bayer Leverkusen und galt auch in der DFB-Elf als große Hoffnung auf Linksaußen. Den Durchbruch zum internationalen Top-Star schaffte Brandt allerdings nie, zwischenzeitlich geriet er fast in Vergessenheit. In zentraler Position spielt er in dieser Saison eine herausragende Rolle beim BVB – und rückte so auch wieder in den Fokus der DFB-Auswahl.

02.05.1996
Borussia Dortmund

Länderspiele: 47
Tore: 3
EM-Teilnahmen: 0

Jonas Hofmann
Mittelfeld

Feierte erst mit 28 Jahren sein Debüt für die Nationalmannschaft und ist der klassische Rollenspieler. Oft unterschätzt, aber immer zur Stelle, wenn man ihn braucht. Kann verschiedene Positionen im Mittelfeld bekleiden, aber auch als Rechtsverteidiger spielen. Mit seinem hohen taktischen Verständnis gehört er zu jener Sorte Spieler, die Trainer besonders schätzen.

14.07.1992
Borussia Mönchengladbach

Länderspiele: 23
Tore: 4
EM-Teilnahmen: 1

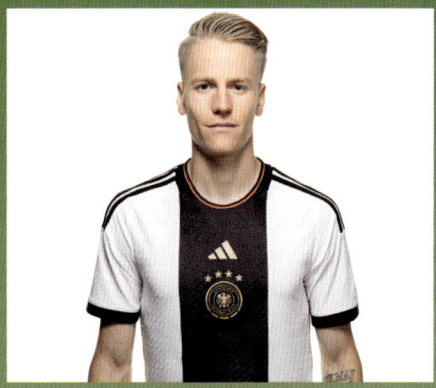

Chris Führich
Mittelfeld

Vor dreieinhalb Jahren spielte der 25-Jährige noch in der Regionalliga für die zweite Mannschaft von Borussia Dortmund. Danach legte der offensive Außen allerdings eine steile Entwicklung hin. Beim VfB Stuttgart avancierte er in dieser Saison mit seinem Tempo und seinen präzisen Hereingaben zum kongenialen Partner von Torjäger Serhou Guirassy und feierte gegen die USA sein DFB-Debüt.

09.01.1998
VfB Stuttgart

Länderspiele: 1
Tore: 0
EM-Teilnahmen: 0

Leroy Sané
Mittelfeld

Musste sich in der Vergangenheit immer wieder nachsagen lassen, nicht genügend aus seinem überbordenden Talent zu machen. Seine Nicht-Nominierung für die WM 2018 sorgte für Schlagzeilen. Wankelmütig in seinen Leistungen sowohl im Verein als auch in der DFB-Auswahl. In dieser Saison scheint es beim Edeltechniker jedoch Klick gemacht zu haben. Glänzt mit Weltklasse-Leistungen beim FC Bayern.

11.01.1996
FC Bayern München

Länderspiele: 59
Tore: 13
EM-Teilnahmen: 2

Florian Wirtz
Mittelfeld

Eines der größten Talente im deutschen Fußball. Avancierte schon als 17-Jähriger zum Stammspieler bei Bayer Leverkusen. Fiel nach einem im März 2022 erlittenen Kreuzbandriss fast zehn Monate aus und verpasste dadurch auch die WM in Katar. Nähert sich nun wieder seiner Bestform und besticht durch seine Dynamik sowie tödliche Pässe, die er ganz leicht aussehen lässt.

03.05.2003
Bayer Leverkusen

Länderspiele: 14
Tore: 0
EM-Teilnahmen: 0

Kai Havertz
Angriff

Für ihn flossen bereits 155 Millionen Euro an Ablösesummen, obwohl er mit 24 Jahren noch nicht am Ende seiner Entwicklung angekommen sein dürfte. Galt während seiner Zeit in Leverkusen als kommender Superstar, konnte dieses Versprechen bislang aber noch nicht einlösen. Technisch stark und torgefährlich, mitunter aber etwas phlegmatisch. Hat seine Rolle im DFB-Team noch nicht gefunden.

11.06.1999
FC Arsenal

Länderspiele: 42
Tore: 14
EM-Teilnahmen: 1

Kevin Behrens
Angriff

Als 27-Jähriger kickte der Mittelstürmer noch in der Regionalliga, fünf Jahre später feierte er sein Debüt in der deutschen Nationalmannschaft. Die Entwicklung, die Behrens im reifen Fußballer-Alter hinlegte, ist atemberaubend. Mit seiner Kopfballstärke hat er schon so manches knappes Spiel für Union Berlin entschieden, im DFB-Team könnte er die Rolle als Backup für Füllkrug einnehmen.

03.02.1991
Union Berlin

Länderspiele: 1
Tore: 0
EM-Teilnahmen: 0

Niclas Füllkrug
Angriff

Ist mit seiner Wucht und Kopfballstärke ein Solitär in der filigranen deutschen Offensive und hat deshalb gute Chancen, auch bei der Heim-EM in der Startelf zu landen. Kann Bälle behaupten und glänzt mit einer hohen Effizienz im Abschluss. Mit zehn Toren in nur 13 Einsätzen weist der 30-Jährige, der erst kurz vor der WM in Katar sein Debüt im DFB-Team gefeiert hatte, eine starke Bilanz auf.

09.02.1993
Werder Bremen

Länderspiele: 13
Tore: 10
EM-Teilnahmen: 0

Timo Werner
Angriff

Es ist noch nicht lange her, da galt Werner als ultimative Lösung für die Angriffsprobleme des DFB-Teams. Mit 28 Toren war er in der Saison 2019/20 zum zweitbesten Bundesliga-Torjäger hinter Robert Lewandowski avanciert. Doch mit seinem Wechsel zum FC Chelsea folgte der Karriereknick. Auch seine Rückkehr zu RB Leipzig änderte daran bislang nichts. Abschreiben sollte man ihn aber noch nicht.

06.03.1996
RB Leipzig

Länderspiele: 57
Tore: 24
EM-Teilnahmen: 1

Karim Adeyemi
Angriff

Wie viel Potenzial in ihm schlummert, bewies der 21-Jährige in der vergangenen Bundesliga-Rückrunde, als ihm sechs Tore und fünf Vorlagen gelangen. In der aktuellen Saison enttäuscht er bislang zu oft mit uninspirierten Vorstellungen. Findet der explosive Stürmer in der Rückrunde wieder zu seiner Bestform, dürfte er seine Chancen, doch noch auf den EM-Zug aufzuspringen, drastisch erhöhen.

18.01.2002
Borussia Dortmund

Länderspiele: 4
Tore: 1
EM-Teilnahmen: 0

DFB-Kapitän Ilkay Gündogan (links) und Rückkehrer Mats Hummels wirkten nach der 0:2-Niederlage gegen Österreich im letzten Länderspiel des Jahres 2023 konsterniert.

ZWISCHEN HIMMEL UND HÖLLE

Nach dem WM-Triumph 2014 geriet die deutsche Fußball-Nationalmannschaft in eine Abwärtsspirale aus schwachen Resultaten und schlechter Stimmung. Die Hoffnung auf eine Trendwende bei der Heim-Europameisterschaft 2024 verkörpert der neue Bundestrainer Julian Nagelsmann.

Vier Jahre sind im Sport eine Ewigkeit. Wer kann das besser beurteilen als die deutsche Fußball-Nationalmannschaft? 2014 krönte sich die DFB-Auswahl in Brasilien durch einen 1:0-Erfolg nach Verlängerung gegen Argentinien zum Weltmeister. Die Bilder haben sich unauslöschlich ins kollektive Gedächtnis dieses Landes eingebrannt: Das Siegtor des eingewechselten Mario Götze, seine elegante Ballannahme mit der Brust, der Abschluss mit dem linken Fuß. Der schwer gezeichnete, blutverschmierte Bastian Schweinsteiger, wie er über den Platz wankt, ein Sinnbild der Opferbereitschaft. Deutschland vereinte bei diesem Turnier maximale Hingabe mit spielerischer Brillanz, die bei keinem Spiel deutlicher hervortrat als beim surreal anmutenden 7:1-Sieg im Halbfinale gegen Brasilien.

Vier Jahre später reiste das DFB-Team mit dem Rückenwind einer makellosen WM-Qualifikation als Titelverteidiger nach Russland, nur um dort bereits nach der Vorrunde auszuscheiden. Eine 0:2-Niederlage im abschließenden Gruppenspiel gegen Südkorea besiegelte die Schmach der Deutschen, die nie zuvor bei einer Weltmeisterschaft derart früh gescheitert waren. Das Aus hätte ein Wendepunkt für den deutschen Fußball sein können, man hätte sich eingestehen können, dass man nach dem WM-Triumph 2014 zu selbstgefällig geworden war. Stattdessen passierte: Fast nichts. Bei einer fast zweistündigen Pressekonferenz räumte Bundestrainer Joachim Löw zwar Fehler ein und geißelte sich für seinen Perfektionismus, für eine grundlegende Kursänderung sah beim DFB aber niemand einen

Höhepunkt der Ära Jogi Löw: Deutschland wurde 2014 Weltmeister in Brasilien.

Anlass. Löw verfolgte weiterhin beharrlich den Ansatz eines dominanten Ballbesitzfußballs, wie ihn die Spanier in ihrer Blüte zwischen 2008 und 2012 zelebriert hatten. Dabei trieb er eine Verjüngung der Mannschaft voran. Schon direkt nach der WM 2018 hatte er verkündet, Sami Khedira nicht mehr zu nominieren. Im März 2019 bootete er die langjährigen Leistungsträger Mats Hummels, Jerome Boateng und Thomas Müller aus, was ihm heftige Kritik einbrachte. Schnell offenbarte sich nicht nur ein Führungsvakuum, auch die Balance zwischen Defensive und Offensive litt. Die Probleme einer entkernten deutschen Mannschaft gipfelten im November 2020 beim Nations-League-Spiel in Spanien. Mit 0:6 kassierte Deutschland die höchste Pflichtspielniederlage seiner Geschichte. Vor der EM 2021 korrigierte Löw seine Personalentscheidung und holte das Trio um Müller zurück in die Nationalmannschaft. Allein es nützte nichts. Nur durch den späten 2:2-Ausgleichstreffer im letzten Gruppenspiel gegen Ungarn qualifizierte sich die DFB-Auswahl für das Achtelfinale, wo gegen England (0:2) Schluss war.

Löw trat zurück und machte Platz für seinen langjährigen Assistenten Hansi Flick. Der Meistertrainer des FC Bayern war sichtlich darum bemüht, alle Vergleiche mit seinem Vorgänger wegzuwischen. Er erkor die Nationalmannschaft zum Experimentierfeld, schickte in all seinen 25 Spielen eine andere Startelf auf den Platz. Der Erfolg gab ihm anfangs recht. Mit acht Siegen zum Start seiner Ägide stellte er einen neuen Rekord auf. Bei der WM 2022 verblasste der Glanz allerdings schnell. Für seine Aufstellung bei der 1:2-Auftaktniederlage gegen Japan musste er sich harsche Kritik gefallen lassen. Dabei hatte er Abwehrhüne Niklas Süle als Rechtsverteidiger aufgeboten. Süle und Nico Schlotterbeck, der innen verteidigte, erwiesen sich als Unsicherheitsfaktoren im deutschen Spiel. Im Sturmzentrum war Kai Havertz blass geblieben. Gegen Spanien stabilisierte sich die DFB-Elf und holte dank des späten Treffers von Niclas Füllkrug zum 1:1 wenigstens einen Punkt. Im abschließenden Gruppenspiel gegen Costa Rica wandelte Deutschland einen 1:2-Rückstand in den letzten 20 Minuten in einen 4:2-Sieg um, doch weil Japan parallel Spanien mit 2:1 bezwang, scheiterte das DFB-Team zum zweiten Mal nacheinander in der Gruppenphase einer WM. Kurz danach trennte sich der DFB von Geschäftsführer Oliver Bierhoff, dem Fans seit Jahren vorwarfen, mit seiner Vermarktungsstrategie zu einer Entfremdung zwischen Mannschaft und Fans beigetragen zu haben.

Nach der enttäuschenden WM 2022 durfte Hansi Flick noch weitermachen. Doch im September 2023 kostete ihn eine 1:4-Blamage gegen Japan den Job als Bundestrainer.

Bei der WM 2022 in Katar scheiterte die DFB-Auswahl um Kapitän Manuel Neuer bereits in der Vorrunde. Zum Verhängnis wurde ihr die 1:2-Auftaktniederlage gegen Japan.

Flick durfte hingegen weitermachen, konnte seiner Mannschaft, der es an Automatismen und Mentalität mangelte, aber keine neuen Impulse vermitteln. Nach drei Niederlagen in Folge, darunter ein blamables 1:4 gegen Japan, trennte sich der DFB am 10. September 2023 von Flick, der den zweitschlechtesten Punkteschnitt einer deutschen Nationalmannschaft nach Erich Ribbeck zu verantworten hatte. Beim nur zwei Tage später folgenden Länderspiel gegen Frankreich kehrte der ehemalige Teamchef und aktuelle DFB-Sportdirektor Rudi Völler interimsweise auf die Bank zurück. Nach einer beherzten Leistung gegen nur leidlich motivierte Franzosen siegte Deutschland mit 2:1. Am 22. September präsentierte der DFB Julian Nagelsmann als Nachfolger, der erst ein halbes Jahr zuvor beim FC Bayern entlassen worden war. Als zwölfter Bundestrainer in der Geschichte des deutschen Fußballs bekam der 36-Jährige nicht nur den Auftrag, die verunsicherte Mannschaft zu stabilisieren, sondern auch eine Aufbruchstimmung in Deutschland mit Blick auf die Heim-Europameisterschaft im kommenden Jahr zu erzeugen. Bei seinen ersten Maßnahmen adressierte er vor allem den Mangel an Erfahrung. So berief er für die USA-Reise der Nationalmannschaft Mitte Oktober Hummels ins Aufgebot zurück und verhalf dem 32-jährigen Pascal Groß, der in der englischen Premier League seit Jahren mit beständig guten Leistungen glänzt, zu seiner ersten Länderspielnominierung. Hummels und Groß liefen beim 3:1-Erfolg gegen die USA von Beginn an auf. Beim 2:2 nur drei Tage später gegen Mexiko feierte Thomas Müller seinen 125. Länderspieleinsatz. Es war ein vielversprechender Start für Nagelsmann, doch schon einen Monat später wich die vorsichtige Zuversicht blanker Ernüchterung. Bei der 2:3-Niederlage gegen die Türkei kamen die altbekannten Defensivschwächen zum Vorschein. Drei Tage später, beim 0:2 in Österreich, hinterließ das DFB-Team einen verheerenden Eindruck. Nach dem letzten Länderspiel des Jahres blieb nur ein Trost: 2024 kann es eigentlich nur besser werden.

Nach der Entlassung von Trainer Hansi Flick übernahm Rudi Völler im Länderspiel gegen Frankreich die Rolle des Teamchefs. Die DFB-Elf sorgte mit einem 2:1 für einen Lichtblick.

Unter Julian Nagelsmann, dem bislang jüngsten Bundestrainer, blieb die ersehnte Trendwende bislang aus.

GRUPPE A

Es hätte schlimmer kommen können für EM-Gastgeber Deutschland. Die DFB-Auswahl hätte auf Dänemark, die Niederlande und Italien treffen können. Stattdessen bescherte ihr die Auslosung Duelle gegen Schottland, Ungarn und die Schweiz. Klar ist aber auch: Die Favoritenrolle lässt sich nicht wegdiskutieren, ein Ausscheiden in dieser Gruppe wäre eine Blamage. Der vertrauteste Gegner ist Ungarn. Auf die Magyaren traf Deutschland bereits in der EM-Vorrunde 2021 und kam dabei nicht über ein 2:2 hinaus. Auch in der vergangenen Nations-League-Saison blieben die Deutschen in zwei Spielen sieglos (1:1 und 0:1). Ungarn könnte sich also als Stolperstein erweisen. Auf Schottland traf die DFB-Elf zuletzt im September 2015 im Rahmen der EM-Qualifikation (3:2). Eine hervorragende Bilanz weist Deutschland gegen die Schweiz auf. In 53 Duellen gegen die Eidgenossen gelangen 36 Siege, nur neunmal ging man als Verlierer vom Platz. Der letzte Erfolg liegt aber schon länger zurück: Am 26. März 2008 feierten Miroslav Klose und Co. ein souveränes 4:0.

Freitag, 14. Juni
Deutschland – Schottland   21 Uhr   Berlin

Samstag, 15. Juni
Ungarn – Schweiz   15 Uhr   Köln

Mittwoch, 19. Juni
Deutschland – Ungarn   18 Uhr   Stuttgart
Schottland – Schweiz   21 Uhr   Köln

Sonntag, 23. Juni
Schweiz – Deutschland   21 Uhr   Frankfurt
Schottland – Ungarn   21 Uhr   Stuttgart

GRUPPE A: SCHOTTLAND

NEUE EUPHORIE

2023 war ein besonderes Jahr für den schottischen Fußball. Nicht nur, dass die Scottish Football Association, der zweitälteste Fußballverband der Welt, sein 150-jähriges Jubiläum feierte. Die Nationalmannschaft qualifizierte sich auf direktem Weg für die Europameisterschaft 2024 in Deutschland. Es wird erst das zweite Mal im 21. Jahrhundert sein, dass die Schotten an einem großen Turnier teilnehmen. Die letzte WM-Teilnahme liegt 25 Jahre zurück. Die EM 2021 erreichten sie erst über die Playoffs der Gruppensieger der Nations League. Insofern ist es nur allzu verständlich, dass man in Schottland, wo Tradition und Misserfolg lange Zeit eine unheilige Allianz eingingen, nun von einer Renaissance des schottischen Fußballs träumt. Tatsächlich qualifizierten sich die „Bravehearts" nicht mit Ach und Krach für die EM, sondern im Stile einer Top-Mannschaft. Bereits nach fünf von acht Qualifikationsspieltagen gab es nur noch rechnerische Zweifel daran, dass die Schotten einen der ersten beiden Plätze im Endklassement ihrer Gruppe belegen würden. War der 3:0-Auftaktsieg gegen Zypern noch zu erwarten, überraschten sie danach mit einem 2:0-Heimsieg gegen Spanien und einem 2:1-Auswärtserfolg in Norwegen. Gegen Spanien avancierte Scott McTominay mit zwei Toren zum Matchwinner, in Norwegen schockten die Schotten Erling Haaland und Co. mit zwei Toren in der Schlussphase. Ihre einzige Qualifikationsniederlage kassierte die Mannschaft von Trainer Steve Clarke beim Rückspiel in Spanien (0:2). Dabei vermählen die schottischen Spieler, die ihr Geld hauptsächlich in der englischen Premier League verdienen, Tradition und Moderne. Sie definieren sich nicht mehr ausschließlich über defensive Stabilität und Kampfgeist, sondern haben sich unter Clarke auch spielerisch gesteigert.

DER STAR: ANDREW ROBERTSON

Zwar überragte Mittelfeld-Ass McTominay in der EM-Qualifikation mit sieben Toren, doch der wohl bekannteste schottische Spieler ist Andrew Robertson. Der Linksverteidiger wechselte 2017 vom Premier-League-Absteiger Hull City zum FC Liverpool, wo er sich unter Trainer Jürgen Klopp sofort einen Stammplatz erspielte und sich zu einem der besten Spieler der Welt auf seiner Position entwickelte. Klopp schätzt die Verlässlichkeit des Schotten, der auf beiden Enden des Feldes brilliert. In der Defensive präsentiert er den Phänotyp des schottischen Verteidigers – bissig in Zweikämpfen und kopfballstark. Doch es ist sein Offensivdrang, der ihn für den FC Liverpool und für die schottische Nationalmannschaft unverzichtbar macht. Robertson ist ungemein schnell und schlägt präzise Flanken. Seine große Wirkung resultiert aber auch aus seiner Spielintelligenz. Robertson dribbelt nicht mehrere Gegenspieler aus, sondern spielt Doppelpässe und bewegt sich geschickt zwischen den Ketten des Gegners. In der Saison 2021/22 verzeichnete er durchschnittlich in jedem zweiten Spiel einen Scorerpunkt. Die schottische Nationalmannschaft führt der 29-Jährige seit September 2018 als Kapitän an. Dabei setzt ihn Coach Steve Clarke aktuell meist als Schienenspieler im Mittelfeld ein. Wie wichtig Robertson für die Schotten ist, zeigte sich beim Spiel in Spanien. Kurz vor der Pause musste er beim Stand von 0:0 aufgrund einer Schulterverletzung ausgewechselt werden. Am Ende verlor Schottland mit 0:2, und auch das folgende Testländerspiel in Frankreich ging mit 1:4 deutlich verloren. Doch nicht nur die „Bravehearts", auch Klopp und der FC Liverpool vermissen ihren unermüdlichen Antreiber, der voraussichtlich noch bis Ende Januar pausieren muss.

FAKTEN

Hauptstadt: Edinburgh
Einwohner: 5,46 Millionen

EM-Endrundenteilnahmen: 3
EM-Bilanz: 2 Siege, 2 Unentschieden, 5 Niederlagen
Größter EM-Erfolg: Vorrunde (1992, 1996, 2021)
Höchster Länderspielsieg: 11:0 gegen Irland (23. Februar 1901)
Höchste Länderspielniederlage: 0:7 gegen Uruguay (19. Juni 1954)

Rekordnationalspieler: Kenny Dalglish (102 Spiele)
Rekordtorschütze: Kenny Dalglish, Denis Law (30 Tore)
FIFA-Weltrangliste: 34.

Trainer: Steve Clarke.

GRUPPE A: UNGARN

DIE ENTFESSELUNGSKÜNSTLER

Die Macht der Vergangenheit kann überwältigend sein. Ungarische Fußballfans wissen das, sie alle dürften schon einmal den Wunsch verspürt haben, in eine Zeitmaschine zu steigen und in die 1950er-Jahre zu reisen. Dort könnten sie nicht nur die beste ungarische Mannschaft aller Zeiten erleben, sondern eine der besten der Welt. In einer Zeit, in der der Fußball vor allem als Kampfspiel interpretiert wurde, etablierte Trainer Gusztav Sebes einen atemberaubenden Offensivstil, der auf technischer Brillanz, perfekt einstudierten Bewegungsabläufen und hoher Geschwindigkeit basierte. Der furiose Kombinationsfußball der Ungarn stellte selbst etablierte Top-Nationen vor unlösbare Probleme. So fügten sie als erste nicht-britische Mannschaft den Engländern am 25. November 1953 eine Heimniederlage zu. Stürmerstar Ferenc Puskas und Co. siegten in Wembley mit 6:3. Bei der Weltmeisterschaft 1954 stellten die Ungarn die mit Abstand beste Mannschaft des Turniers, verloren aber im Finale sensationell mit 2:3 gegen Deutschland, das sie in der Vorrunde noch mit 8:3 gedemütigt hatten. Es war die erste Niederlage Ungarns nach 31 unbezwungenen Partien. Ab den 1970er-Jahren verschwand der ungarische Fußball jedoch in der Versenkung. 44 (!) Jahre lang qualifizierte sich das Land nicht mehr für eine Europameisterschaft, ehe das Team unter dem deutschen Trainer Bernd Storck 2016 in Frankreich erstmals wieder auf die große Bühne zurückkehrte. Über die Playoffs qualifizierten sich die Ungarn auch für die EM 2021, wo sie in einer starken Vorrundengruppe mit Frankreich, Deutschland und Portugal jedoch keine Chance hatten. Seitdem hat sich der Aufschwung des ungarischen Fußballs weiter fortgesetzt. Die EM 2024 in Deutschland erreichten die Ungarn als souveräner Gruppensieger vor Serbien. In der Nations League feierten sie Siege über Italien, England und Deutschland.

DER STAR: DOMINIK SZOBOSZLAI

Dominik Szoboszlai musste sich früh an das Rampenlicht gewöhnen. Schon als Jugendlicher wurde er mit den Nationalhelden Nandor Hidegkuti, Sandor Kocsis und Ferenc Puskas verglichen, den besten Offensivspielern, die Ungarn jemals hervorgebracht hat. Mit 16 Jahren wechselte er von seinem Heimatverein Videoton FC aus Szekesfehervar in die Fußball-Akademie des FC Red Bull Salzburg. In seiner ersten Saison im Seniorenbereich schoss der offensive Mittelfeldspieler für den Zweitligisten FC Liefering, der als Farmteam der Salzburger fungiert, zehn Tore. Als 18-Jähriger feierte er schließlich auch seinen Durchbruch beim Stammclub. Zweieinhalb Spielzeiten verbrachte er beim österreichischen Serienmeister, ehe er sich am 1. Januar 2021 RB Leipzig anschloss. Überraschend kam der Transfer nicht. Der Ungar war bereits der 18. Spieler, der aus Salzburg nach Leipzig wechselte. Aufgrund einer Schambeinentzündung kam Szoboszlai bei RB zunächst nicht zum Zug und verpasste auch die EM 2021. Sein Durchbruch in Deutschland war damit aber nur aufgeschoben. In der Saison 2021/22 avancierte er zum Stammspieler und glänzte in verschiedenen Rollen im Mittelfeld. Dabei beeindruckte er mit seiner Dynamik, Ballsicherheit und überragenden Schusstechnik, trieb seine Trainer mit nonchalantem Defensivverhalten mithin aber auch zur Verzweiflung. Dass er das Zeug zum kompletten Fußballer hat, beweist Szoboszlai, der der seit dem vergangenen Sommer für den FC Liverpool spielt, im ungarischen Nationaltrikot. Mit 23 Jahren ist er bereits Kapitän seines Teams. Dabei profitiert er auch vom Einfluss des italienischen Trainers Marco Rossi. „Ich habe selten gegen eine Mannschaft gespielt, die so diszipliniert verteidigt", lobte auch DFB-Spieler Joshua Kimmich.

FAKTEN

Hauptstadt: Budapest
Einwohner: 9,71 Millionen

EM-Endrundenteilnahmen: 4
EM-Bilanz: 2 Siege, 4 Unentschieden, 5 Niederlagen
Größter EM-Erfolg: Dritter Platz (1964)
Höchster Länderspielsieg: 13:1 gegen Frankreich (12. Juni 1926)
Höchste Länderspielniederlage: 1:8 in den Niederlanden (11. Oktober 2013)
Rekordnationalspieler: Balazs Dzsudzsak (109 Spiele)
Rekordtorschütze: Ferenc Puskas (84 Tore)
FIFA-Weltrangliste: 30.

Trainer: Marco Rossi.

GRUPPE A: SCHWEIZ

DIE ANSPRÜCHE SIND GESTIEGEN

Granit Xhaka legte die Messlatte hoch. Nach der Auslosung der EM-Qualifikationsgruppen formulierte der Kapitän der Schweizer unmissverständlich den Anspruch, alle zehn Spiele zu gewinnen. Xhakas Zuversicht speiste sich nicht nur aus der Tatsache, dass die Schweizer den ganz großen Brocken aus dem Weg gegangen waren, sondern auch aus einem gestiegenen Selbstbewusstsein. Seit der EM 2004 waren die Eidgenossen bei jedem großen Turnier dabei, bei der Europameisterschaft 2021 erreichten sie erstmals das Viertelfinale. Dabei kegelten sie im Achtelfinale den großen Turnierfavoriten Frankreich aus dem Rennen. Nach einem 1:3-Rückstand hatten sie in den letzten zehn Minuten der regulären Spielzeit noch ausgeglichen und nach einer torlosen Verlängerung das Elfmeterschießen für sich entschieden. Auch in der Runde der letzten Acht überzeugte das Team des scheidenden Trainers Vladimir Petkovic, musste sich in einem weiteren Elfmeterschießen aber den Spaniern geschlagen geben. In der Schweiz wertete man den Erfolg der „Nati" als Anzeichen, den Abstand zu den Top-Nationen noch einmal verkürzt zu haben. Man konnte also durchaus darauf hoffen, dass die Schweiz ihre EM-Qualifikationsgruppe dominieren würde, zumal ihre Gegner Rumänien, Israel, Kosovo, Belarus und Andorra eher kleine Lichter auf der Fußball-Landkarte darstellten. Doch es kam anders. Nach drei Siegen zum Start gelang in den folgenden fünf Spielen nur noch ein weiterer Erfolg. Immer wieder gab die vom ehemaligen Bundesligaprofi Murat Yakin trainierte Mannschaft dabei in der Schlussphase eine Führung aus der Hand. Gegen Rumänien (2:2) fing sich die Schweiz zwei Gegentore ab der 89. Minute, im Kosovo (2:2) kassierte sie den Ausgleich tief in der Nachspielzeit. So dauerte es bis zum vorletzten Spieltag, ehe sich die Schweizer ihr EM-Ticket gesichert hatten. Den Gruppensieg sicherte sich aber Rumänien.

DER STAR: GRANIT XHAKA

Es hätte ein wunderbarer Abend für Granit Xhaka werden können. Der Kapitän der Schweizer bestritt Mitte November im Qualifikationsspiel gegen Israel sein 119. Länderspiel, womit er Heinz Hermann als Rekordnationalspieler der Schweiz ablöste. Und lange sah es so aus, als könnte Xhaka nicht nur seinen persönlichen Meilenstein feiern, sondern auch einen Sieg seiner Mannschaft. Dann traf der eingewechselte Shon Weissman kurz vor Schluss zum 1:1-Ausgleich für die Israelis. Und Xhakas Abend bekam eine unvorhergesehene Wendung. Mit einem Sieg hätten die Eidgenossen schon vor den letzten beiden Spieltagen die letzten Zweifel am Erreichen der Europameisterschaft 2024 beseitigen können. So mussten sie noch ein bisschen länger warten. Xhaka konnte es leicht verschmerzen, er hat in seiner Karriere schon ganz andere Situationen gemeistert. Als 19-Jähriger wechselte der hoch veranlagte Mittelfeldspieler vom FC Basel zu Borussia Mönchengladbach, wo er in vier Jahren eine beeindruckende Entwicklung vom renitenten Talent zum Kapitän hinlegte. Xhaka ist technisch versiert, lauf- und zweikampfstark, ein geborener Anführer. Mithin hat er aber seine Emotionen nicht im Griff. In seiner letzten Saison für die Borussia handelte er sich allein in der Hinrunde drei Platzverweise ein. Im Sommer 2016 wechselte Xhaka für 45 Millionen Euro in die englische Premier League zum FC Arsenal, wo er keine leichte Zeit erlebte. Dass die Gunners an frühere Erfolge nicht anknüpfen konnten, wurde vor allem dem streitbaren Schweizer angelastet. Als er im Oktober 2019 auch noch die eigenen Fans provozierte, schien Xhakas Ende bei Arsenal nah zu sein. Doch er biss sich durch. Seit Sommer 2023 spielt der 31-Jährige für Bayer Leverkusen und hat großen Anteil am Höhenflug der Werkself.

FAKTEN

Hauptstadt: Bern
Einwohner: 8,7 Millionen

EM-Endrundenteilnahmen: 5
EM-Bilanz: 3 Siege, 8 Unentschieden, 7 Niederlagen
Größter EM-Erfolg: Viertelfinale (2021)
Höchster Länderspielsieg: 9:0 gegen Litauen (25. Mai 1924)
Höchste Länderspielniederlage: 0:9 in Ungarn (29. Oktober 1911)
Rekordnationalspieler: Granit Xhaka (121 Spiele)
Rekordtorschütze: Alexander Frei (42 Tore)
FIFA-Weltrangliste: 14.

Trainer: Murat Yakin.

GRUPPE B

Jedes Turnier hat seine „Todesgruppe". Bei der EM in Deutschland verspricht Gruppe B die größte Dramatik. Mit Spanien, Italien und Kroatien hat sie drei Schwergewichte des Weltfußballs zu bieten, dazu mit Albanien einen renitenten Außenseiter. Die Spanier können sich mit dem Etikett der spielstärksten Mannschaft schmücken, müssen aber voraussichtlich auf ihren Jungstar Gavi verzichten, der sich im abschließenden EM-Qualifikationsspiel gegen Georgien (3:1) einen Kreuzbandriss zuzog. Italien und Kroatien wirkten in der Qualifikation nicht gerade souverän, gelten aber als Turniermannschaften, die voll da sind, wenn es darauf ankommt. Schon bei der EM 2021 hatte die Italiener kaum einer auf der Rechnung, am Ende holten sie den Titel. Die erfahrenen Kroaten untermauerten zuletzt mit dem Halbfinaleinzug bei der WM in Katar ihren Status als Top-Nation. Bei der EM 2021 begegneten sich Kroatien und Spanien bereits im Achtelfinale. Im zweittorreichsten Spiel der EM-Geschichte setzten sich die Spanier mit 5:3 nach Verlängerung durch.

Samstag, 25. Juni

| 🇪🇸 Spanien | – | 🇭🇷 Kroatien | 15 Uhr | Berlin |
| 🇮🇹 Italien | – | 🇦🇱 Albanien | 21 Uhr | Dortmund |

Mittwoch, 19. Juni

| 🇭🇷 Kroatien | – | 🇦🇱 Albanien | 15 Uhr | Hamburg |

Donnerstag, 20. Juni

| 🇪🇸 Spanien | – | 🇮🇹 Italien | 21 Uhr | Gelsenkirchen |

Montag, 24. Juni

| 🇭🇷 Kroatien | – | 🇮🇹 Italien | 21 Uhr | Leipzig |
| 🇦🇱 Albanien | – | 🇪🇸 Spanien | 21 Uhr | Düsseldorf |

GRUPPE B: SPANIEN

AUF IDENTITÄTSSUCHE

Wer behauptet, dass Spaniens Fußball schon länger nicht mehr verzückt, schaut einfach nicht genau hin. Erst im August zog „La Furia Roja" das Publikum in ihren Bann und gewann hochverdient den WM-Titel. Nur: Für diese Heldengeschichte war die Frauen-Nationalmannschaft zuständig. Die letzten großen Erfolge der Männer tauchen hingegen nur noch als verblasste Erinnerung auf. Die Iberer dominierten einst den Weltfußball, krönten sich 2008 und 2012 zum Europameister und holten 2010 ihren ersten WM-Titel. Mit ihrer surreal anmutenden Ball- und Passsicherheit sowie perfekt abgestimmten Bewegungsabläufen hoben sie den Fußball auf eine neue Evolutionsstufe. Das Herz des spanischen Königreiches schlug im Mittelfeld, wo Xabi Alonso, Xavi und Andres Iniesta den Rhythmus des Spiels bestimmten. Dabei waren die Spanier nicht zwingend auf Offensivspektakel angewiesen, denn auch die Abwehr hatte mit Sergio Ramos, Gerard Piqué und dem furchteinflößenden Carles Puyol Weltklasse zu bieten. Doch selbst die Spanier waren vor dem korrosiven Einfluss der Zeit nicht gefeit. Ihre Stars alterten, und in den Fußball-Denkfabriken tüftelte man an einem Gegenmittel gegen den Tiki-Taka-Stil. Bei der Weltmeisterschaft 2014 scheiterten die Spanier als Titelverteidiger bereits in der Vorrunde, ein großes Finale erreichten sie bis heute nicht mehr. Bald wirkte ihr Ballbesitzfußball wie ein Anachronismus in einer Zeit, in der sich Teams vermehrt auf aggressives Pressing und schnelles Umschaltspiel stützten. Zwar versuchen die Spanier seit einigen Jahren, ihre Idee des schönen Spiels mit mehr Physis und Athletik anzureichern, doch die Ergebnisse sind durchwachsen. Das Mittelfeld ist immer noch das Prunkstück. Defensiv zeigen sich die Spanier immer wieder verwundbar, und mit Alvaro Morata weist der Kader nur einen Stürmer auf, dem man Knipserqualitäten nachsagen kann.

DER STAR: PEDRI

Der Vergleich mit Barcelonas Fußball-Ikonen Xavi und Iniesta drängt sich nicht nur auf, er lässt kein Entrinnen zu. Pedri (21) und Gavi (19), die neuen Herrscher im spanischen Mittelfeld, sind kleingewachsen wie ihre Vorgänger und derart filigran mit dem Ball, dass es wirkt, als hätten sie in ihren Schuhen Magnete eingebaut. Beide gelten als herausragende Talente des Weltfußballs, das noch etwas höhere Potenzial wird allerdings Pedri bescheinigt. Bereits als 17-Jähriger etablierte sich der zentrale Mittelfeldspieler als Stammspieler beim FC Barcelona. Seine schnelle Auffassungsgabe, Eleganz und Kreativität ragten sofort heraus. Pedri ist ein Meister des vorletzten Passes, steigerte in der vergangenen Saison aber auch seine Torgefährlichkeit. Wenn es einen Makel gibt, dann ist es seine Verletzungsanfälligkeit. In der Saison 2021/22 konnte er nur zwölf Ligaspiele bestreiten, in der darauffolgenden Spielzeit fehlte er ebenfalls länger, und auch zu Beginn dieser Saison fiel er aufgrund einer schweren Oberschenkelverletzung bereits über zwei Monate aus. Das erklärt auch, warum Pedri trotz seines frühen Durchbruchs bei Barca für die Nationalmannschaft erst 18 Spiele absolvieren konnte, allesamt unter Trainer Luis Enrique, der jedoch davor zurückschreckte, seinen jungen Spielern zu viele Freiheiten auf dem Platz zu gewähren. Das könnte sich unter Luis de la Fuente, der den Posten des Nationaltrainers zu Beginn des Jahres von Enrique übernommen hatte, ändern. Der 62-Jährige betreute zuvor die spanische U19- und U21-Auswahl, wo er auch Pedri unter seinen Fittichen hatte. Nun könnte er dem Ausnahmetalent zum endgültigen Durchbruch in der A-Nationalmannschaft verhelfen. Vorausgesetzt, Pedri bleibt einmal über einen längeren Zeitraum gesund.

FAKTEN

Hauptstadt: Madrid
Einwohner: 47,42 Millionen

EM-Endrundenteilnahmen: 11
EM-Bilanz: 21 Siege, 15 Unentschieden, 10 Niederlagen
Größter EM-Erfolg: Titel (1964, 2008, 2012)
Höchster Länderspielsieg: 13:0 gegen Bulgarien (21. Mai 1933)
Höchste Länderspielniederlage: 1:7 in England (9. Dezember 1931)
Rekordnationalspieler: Sergio Ramos (180 Spiele)
Rekordtorschütze: David Villa (59 Tore)
FIFA-Weltrangliste: 8.

Trainer: Luis de la Fuente.

GRUPPE B: KROATIEN

GEGEN DEN TREND

Der Traum, ewig jung zu bleiben, ist ungefähr so alt wie die Menschheit selbst. Der irische Autor Oscar Wilde hat ihn mit seinem Roman „Das Bildnis des Dorian Gray" in Weltliteratur gegossen. Die Jugend hat sich auch im Profifußball als höchstes Ideal etabliert, was nicht nur die schwindelerregenden Ablösesummen, die bereits für Teenager gezahlt werden, belegen. Jünger, dynamischer, aber auch stromlinienförmiger ist der Fußball geworden. Die kroatische Nationalmannschaft wirkt da wie aus der Zeit gefallen. Sie ist alt, arbeitet mehr als sie spielt und hat keine große Zukunft. Das sagte man ihr schon bei der WM 2018 nach. Nur: Es hat die Kroaten nicht gekümmert. Sie verweigern sich den Normen des modernen Fußballs. Sie sind erfahren, abgezockt und taktisch brillant. Bei der WM 2018 scheiterten sie erst im Finale an den hochbegabten Franzosen. Knapp viereinhalb Jahre später, bei der WM in Katar, verloren sie im Halbfinale gegen die ebenfalls erfahrenen Argentinier, nachdem sie zuvor die spielerisch brillanten Brasilianer nach Elfmeterschießen ausgeschaltet hatten. Je größer die Bühne, desto stärker spielen die Kroaten, auch wenn Anführer Luka Modric mittlerweile 38 Jahre alt ist. Dagegen scheint die Mannschaft von Trainer Zlatko Dalic mit vermeintlich schwächeren Gegnern ihre Probleme zu haben. In der EM-Qualifikation holten die Kroaten aus zwei Spielen gegen Wales nur einen Punkt und mussten bis zum letzten Spieltag um ihr EM-Ticket bangen. Mit einem schmucklosen 1:0 gegen Armenien erfüllten sie ihre Mission. Defensiv präsentieren sich die Kroaten als Bollwerk, was vor allem an Josko Gvardiol liegt, der im Sommer für 90 Millionen Euro von RB Leipzig zu Manchester City wechselte. Mit 21 Jahren gilt er bereits als einer der besten Verteidiger der Welt.

DER STAR: LUKA MODRIC

Gvardiol verkörpert die Zukunft des kroatischen Fußballs, die Gegenwart gehört aber immer noch Luka Modric. Der filigrane Mittelfeldspieler ist für die Kroaten auch mit 38 Jahren immer noch unverzichtbar. Er hat nichts von seiner herausragenden Übersicht, technischen Brillanz und Ruhe am Ball eingebüßt. Seine zunehmenden athletischen Nachteile kann er meist kompensieren, indem er das Tempo des Spiels geschickt verschleppt. Modric ist der beste Spieler, den dieses Land jemals hervorgebracht hat. Mittlerweile stehen für ihn 172 Länderspiele (24 Tore) zu Buche, bei der WM 2018 wurde er zum besten Spieler des Turniers gekürt. Den Status einer Legende hat er auch bei Real Madrid längst erreicht. 2012 verpflichteten ihn die Königlichen für 35 Millionen Euro von den Tottenham Hotspur, die ihn vier Jahre zuvor vom kroatischen Rekordmeister Dinamo Zagreb losgeeist hatten. Für Real absolvierte Modric bis heute über 500 Pflichtspiele und gewann fünfmal die Champions League. In dieser Saison hat er seinen Stammplatz jedoch eingebüßt, was weniger mit seinen Leistungen, sondern mit der enormen Qualität zu tun hat, die Real im zentralen Mittelfeld aufbieten kann. Modric konkurriert schließlich mit Weltklassespielern wie Jude Bellingham, Federico Valverde, Eduardo Camavinga und Toni Kroos um Einsatzzeit. Seine Rolle als Teilzeitarbeiter und sein auslaufender Vertrag im kommenden Sommer bereiten natürlich den Nährboden für Gerüchte, die einen Abschied von Real prophezeien. Bereits im vergangenen Sommer sollen mehrere Clubs aus der saudischen Pro League um Modric gebuhlt haben. Während der Kroate auf dem Platz mit Uneigennützigkeit glänzt, musste er sich vor Gericht wegen Steuerhinterziehung verantworten und wurde in zwei Fällen für schuldig befunden.

FAKTEN

Hauptstadt: Zagreb
Einwohner: 3,89 Millionen

EM-Endrundenteilnahmen: 6
EM-Bilanz: 9 Siege, 6 Unentschieden, 7 Niederlagen
Größter EM-Erfolg: Viertelfinale (1996, 2008)
Höchster Länderspielsieg: 10:0 gegen San Marino (4. Juni 2016)
Höchste Länderspielniederlage: 0:6 in Spanien (11. September 2018)
Rekordnationalspieler: Luka Modric (172 Spiele)
Rekordtorschütze: Davor Suker (45 Tore)
FIFA-Weltrangliste: 10.

Trainer: Zlatko Dalic.

GRUPPE B: ITALIEN

SKANDALE UND ZITTERPARTIEN

Nichts ist so alt wie der Erfolg von gestern. Ein Paradebeispiel für die Schnelllebigkeit des Fußballs stellt die italienische Nationalmannschaft dar. Es ist erst zweieinhalb Jahre her, da krönten sich die Italiener nach einem dramatischen Finalerfolg im Elfmeterschießen gegen England zu den Königen Europas. Zuvor hatten sie auf dem Weg zu ihrem zweiten EM-Titel nach 1968 mit Belgien und Spanien zwei Mitfavoriten ausgeschaltet. Statt eine neue Blütezeit des italienischen Fußballs anzukündigen, entpuppte sich der EM-Erfolg aber als Anomalie, die den Niedergang der Squadra Azzurra nur kurzzeitig überstrahlte. Bei der WM 2014 und EM 2016 waren die Italiener bereits in der Vorrunde gescheitert, für die WM 2018 in Russland hatten sie sich gar nicht erst qualifiziert. Und auch die begeisterten Ovationen nach dem EM-Triumph 2021 verstummten schnell. So verpassten die Azzurri die Qualifikation für die WM 2022 in Katar auf blamable Weise, nachdem sie in den Playoffs an Nordmazedonien gescheitert waren. Nicht ohne Drama verlief auch die Qualifikation für die Europameisterschaft 2024. Erst am letzten Spieltag erzitterten sich die Italiener durch ein 0:0 gegen den direkten Rivalen Ukraine das EM-Ticket. Während der Qualifikation waren es aber in erster Linie die Nebenkriegsschauplätze, die Aufmerksamkeit erzeugten. Mitte August trat völlig unvermittelt Nationaltrainer Roberto Mancini zurück. Nur zwei Wochen später übernahm er die Auswahl Saudi-Arabiens, sein Jahressalär soll sich zwischen 25 und 30 Millionen Euro bewegen. Italiens Verbandspräsident Gabriele Gravina fühlte sich vor den Kopf gestoßen und kritisierte Mancini ungewöhnlich scharf. Der nächste Schock folgte Ende Oktober, als der in einen Wettskandal verwickelte Mittelfeldstar Sandro Tonali für zehn Monate gesperrt wurde. Damit verpasst der 23-Jährige auch die Europameisterschaft in Deutschland.

DER STAR: GIANLUIGI DONNARUMMA

Italien hat schon immer herausragende Torhüter hervorgebracht. Dino Zoff, Walter Zenga und Gianluigi Buffon prägen mit ihrem unverwechselbaren Stil ihre jeweilige Ära. Mit Zoff im Tor krönten sich die Italiener erstmals zum Europameister (1968). Als 40-Jähriger führte „Dino Nazionale" die Squadra Azzurra auch zum ersten WM-Titel (1982). Unglaubliche 21 Jahre – von 1997 bis 2018 – währte Buffons Ära im italienischen Nationalteam, seinen größten Erfolg feierte er 2006 mit dem WM-Triumph in Deutschland. Buffon war 21 Jahre alt, als in Castellammare di Stabia ein anderer Gianluigi das Licht der Welt erblickte. Wer am Golf von Neapel aufwächst, kann gar nicht anders, als sein Herz an den „Calcio" zu verlieren. Schon als Vierjähriger spielte Donnarumma für den Club Napoli, sein Talent als Torhüter kristallisierte sich schnell heraus. Mit 14 Jahren wechselte er zum AC Mailand, zwei Jahre später avancierte er zum Stammtorwart der Rossoneri. Nie zuvor hatte es in der Geschichte der Serie A einen jüngeren Torhüter gegeben. In Italien wurde Donnarumma als Wunderkind gefeiert, debütierte als 17-Jähriger für die A-Nationalmannschaft. Zum Stammtorwart der Azzurri stieg er aber erst nach dem Rücktritt seines großen Vorbilds Buffon auf. Schon sein erstes großes Turnier geriet zum Triumphzug. Mit zwei gehaltenen Elfmetern im Finale gegen England führte Donnarumma die Italiener zum EM-Titel 2021 und sicherte sich darüber hinaus die Auszeichnung als bester Spieler des Turniers. Im selben Sommer wechselte er von Milan zu Paris Saint-Germain, wo er einen schwierigen Start erlebte. In seiner Debütsaison musste er sich im Tor mit dem erfahrenen Keylor Navas abwechseln. Mittlerweile ist diese Episode längst vergessen. Die Azzurri führt der 23-Jährige seit Juni 2022 als Kapitän aufs Feld.

FAKTEN

Hauptstadt: Rom
Einwohner: 58,94 Millionen

EM-Endrundenteilnahmen: 10
EM-Bilanz: 21 Siege, 18 Unentschieden, 6 Niederlagen
Größter EM-Erfolg: Titel (1968, 2021)
Höchster Länderspielsieg: 9:0 gegen USA
(2. August 1948)
Höchste Länderspielniederlage: 1:7 in Ungarn
(6. April 1924)
Rekordnationalspieler: Gianluigi Buffon (176 Spiele)
Rekordtorschütze: Luigi Riva (35 Tore)
FIFA-Weltrangliste: 9.

Trainer: Luciano Spalletti.

GRUPPE B: ALBANIEN

STARKES KOLLEKTIV

Als die albanischen Nationalspieler am 11. Juni 2016 um kurz vor 15 Uhr den Rasen des Stade Bollaert-Delelis in Lens betraten, bahnten sich gleich zwei historische Momente an. Die Albaner standen vor ihrem ersten Spiel bei einer EM-Endrunde überhaupt, der noch größere Reiz für die Weltöffentlichkeit ergab sich aber aus dem ersten Bruderduell der EM-Historie: Granit Xhaka, der zu jenem Zeitpunkt noch beim Bundesligisten Borussia Mönchengladbach unter Vertrag stand, betrat für die Schweiz den Platz. Sein eineinhalb Jahre älterer Bruder Taulant lief für Albanien auf. Das Spiel endete mit einem 1:0-Erfolg für die favorisierten Eidgenossen, doch mit einer beherzten Leistung hinterließen die Albaner einen guten ersten Eindruck auf der großen Bühne. In der folgenden Partie gegen Gastgeber Frankreich stand die Mannschaft des italienischen Trainers Gianni De Biasi sogar kurz vor einem Punktgewinn, ehe Antoine Griezmann in der 90. Minute das 1:0 für Frankreich schoss. Tief in der Nachspielzeit erhöhte Dimitri Payet noch auf 2:0. Die Niederlage besiegelte das vorzeitige EM-Aus, konnte die Motivation vor dem letzten Gruppenspiel aber nicht schmälern. Tatsächlich verabschiedeten sich die Albaner mit einem 1:0-Sieg gegen Rumänien aus Frankreich. Das erste EM-Endrundentor in der Geschichte Albaniens ging auf das Konto von Armando Sadiku. Acht Jahre später werden die Albaner nun also bei der EM in Deutschland ins Rampenlicht zurückkehren. Zu verdanken haben sie es konstant guten Leistungen in der Qualifikation. Dabei ließ das Team des brasilianischen Trainers Sylvinho sowohl Tschechien als auch Polen hinter sich. Die Albaner haben keinen überragenden Individualisten in ihren Reihen, sondern überzeugen vielmehr als Kollektiv mit hoher Laufbereitschaft und taktischer Disziplin.

DER STAR: ELSEID HYSAJ

Die albanischen Spieler zeichnet der Wille zu harter Arbeit aus. Das Toreschießen zählt hingegen nicht zu ihrer Kernkompetenz. Zwölf Tore in 56 Einsätzen genügen Sokol Cikalleshi bereits, um mit Abstand der beste Schütze seines Teams zu sein. So verwundert es auch nicht, dass der Star der Albaner ein Abwehrspieler ist. Elseid Hysaj verließ seine Heimatstadt Shkodra bereits mit 15 Jahren und wechselte nach Italien zum FC Empoli, wo er bessere Entwicklungsmöglichkeiten vorfand. Kurz nach seinem 19. Geburtstag feierte der Rechtsverteidiger sein Debüt in der A-Nationalmannschaft. Auch in Italien legte er eine atemberaubende Entwicklung hin. 2015 folgte er seinem Trainer Maurizio Sarri vom FC Empoli zum SSC Neapel. Für die Süditaliener bestritt Hysaj 223 Pflichtspiele und gewann 2020 den italienischen Pokal. Dabei schätzte Sarri nicht nur die Verlässlichkeit des Albaners, sondern auch seine Variabilität, denn Hysaj lieferte auch als Linksverteidiger konstant ab. Immer wieder war er zwischenzeitlich auch mit deutschen Bundesligisten in Verbindung gebracht worden war. Der FC Bayern soll sich nach Hysajs starker Debütsaison für Neapel mit dem zweikampfstarken und technisch versierten Albaner beschäftigt haben. Größtes Manko des Rechtsverteidigers ist die fehlende Torgefahr. In 285 Serie-A-Spielen gelangen ihm erst drei Treffer. Auch als Torvorbereiter tritt Hysaj nur selten in Erscheinung. Insofern wirkt Hysajs Rolle im modernen Fußball fast ein wenig anachronistisch. 2021 wechselte Hysaj zu Lazio Rom, wo er erneut auf seinen Förderer Sarri traf. In den vergangenen Wochen büßte er seinen Stammplatz bei den Römern ein. Seinem Status in der albanischen Nationalmannschaft kann das aber nichts anhaben: Der 29-Jährige ist als Stabilitätsanker in der Abwehrkette weiterhin unverzichtbar.

FAKTEN

Hauptstadt: Tirana
Einwohner: 2,81 Millionen

EM-Endrundenteilnahmen: 1
EM-Bilanz: 1 Sieg, 2 Niederlagen
Größter EM-Erfolg: Vorrunde (2016)
Höchster Länderspielsieg: 5:0 gegen San Marino (8. September 2021)
Höchste Länderspielniederlage: 0:12 gegen Ungarn (24. September 1950)
Rekordnationalspieler: Lorik Cana (93 Spiele)
Rekordtorschütze: Erjon Bogdani (18 Tore)
FIFA Weltrangliste: 59.

Trainer: Sylvinho.

GRUPPE C

Titelanwärter England muss sich bereits in der Vorrunde mit einem alten Bekannten auseinandersetzen. Die „Three Lions" trafen schon im Halbfinale der EM 2021 auf Dänemark und setzten sich dabei in London dank eines Treffers von Harry Kane in der Verlängerung mit 2:1 durch. Weitere Brisanz erhält die Partie dadurch, dass etliche dänische Nationalspieler bei englischen Premier-League-Clubs unter Vertrag stehen. England und Dänemark gelten als Favoriten aufs Weiterkommen, haben es aber mit unangenehmen Gegnern zu tun. Bei seiner ersten EM überhaupt will Serbien für Furore sorgen. Mit Euphorie im Gepäck reisen auch die Slowenen um Jungstar Benjamin Sesko nach Deutschland. Sie qualifizierten sich erstmals seit dem Jahr 2000 für eine EM. Damals trafen sie bei ihrem Debüt auf die Bundesrepublik Jugoslawien, die sich aus den Teilstaaten Serbien und Montenegro zusammensetzte. In einem wilden Schlagabtausch trennten sich die Teams 3:3. Gegen Dänemark spielten die Slowenen bereits in der EM-Qualifikation.

Sonntag, 16. Juni

| Slowenien | – | Dänemark | 18 Uhr | Stuttgart |
| Serbien | – | England | 21 Uhr | Gelsenkirchen |

Donnerstag, 20 Juni

| Slowenien | – | Serbien | 15 Uhr | München |
| Dänemark | – | England | 18 Uhr | Frankfurt |

Dienstag, 25. Juni

| Dänemark | – | Serbien | 21 Uhr | München |
| England | – | Slowenien | 21 Uhr | Köln |

GRUPPE C: SLOWENIEN

DAS ENDE DER LEIDENSZEIT

Als sich Slowenien letztmals für eine Europameisterschaft qualifizierte, verschickten Menschen noch gerne Faxe und schauten Fußballspiele auf klobigen Röhrenfernsehern. Die Jahrtausendwende stand noch bevor, und Sloweniens heutiger Basketball-Nationalheld Luka Doncic war ein Säugling. Am 4. September 1999 sicherten sich die Slowenen mit einem 2:1-Heimerfolg über Georgien ein Ticket für die Europameisterschaft 2000 in Belgien und den Niederlanden. Es war bis dato der größte Erfolg in der jungen Geschichte des slowenischen Fußballverbandes. Ihr erstes Spiel bei einer EM-Endrunde bestritten die Slowenen am 13. Juni 2000 in Rotterdam, und es hätte nicht brisanter sein können. Schließlich traf die Mannschaft von Trainer Srecko Katanec auf die Bundesrepublik Jugoslawien, die sich aus Spielern der Teilstaaten Serbien und Montenegro zusammensetzte. Angeführt von Stürmerstar Zlatko Zahovic, der zwei Treffer erzielte, erspielten sich die Slowenen eine 3:0-Führung nach einer Stunde, mussten sich nach drei Gegentoren binnen sechs Minuten letztlich aber mit einem 3:3 begnügen. Dieses Spiel hat sich ins Gedächtnis der slowenischen Fußballfans eingebrannt. Dass sie 24 Jahre würden warten müssen, um erneut bei einer Europameisterschaft dabei sein zu können, ahnte zu diesem Zeitpunkt niemand. Doch nach dem kurzen Hoch begann eine lange Leidenszeit. Zuletzt verpasste Slowenien sechs große Turniere in Folge. Umso ausgelassener war der Jubel in dem kleinen Land über die geglückte Qualifikation für die EM 2024. Im entscheidenden Spiel bezwang das Team von Trainer Matjaz Kek vor heimischer Kulisse Kasachstan mit 2:1 und krönte damit eine starke Qualifikationsphase. Ihre Gruppe schlossen die Slowenen punktgleich mit Tabellenführer Dänemark ab.

DER STAR: BENJAMIN SESKO

Die Slowenen können mit Jan Oblak von Atlético Madrid einen der besten Torhüter der Welt aufbieten, doch der Routinier steht dieser Tage im Schatten des wohl größten Talents, das der slowenische Fußball jemals hervorgebracht hat: Benjamin Sesko. Der 1,94 Meter große Mittelstürmer bezeichnet den Schweden Zlatan Ibrahimovic als sein großes Vorbild, weckt aber zwangsläufig auch Vergleiche mit dem Norweger Erling Haaland. Schließlich spielte sich auch Sesko im Dress von Red Bull Salzburg in die Notizblöcke der europäischen Top-Clubs. Als 17-Jähriger schoss Sesko für Salzburgs Farmteam, den österreichischen Zweitligisten FC Liefering, 21 Tore in nur 29 Spielen, ehe er sich auch beim Stammclub etablierte und in der Saison 2022/23 mit 16 Treffern zum drittbesten Torjäger in Österreichs Oberhaus avancierte. Für 24 Millionen Euro sicherte sich RB Leipzig im vergangenen Sommer die Dienste des hoch veranlagten Stürmers. Dort kommt Sesko zwar bislang meist nur als Joker zum Einsatz, traf aber bereits dreimal. Für ein Tor benötigt er im Schnitt nur 101 Minuten, was ihn zu einem der effizientesten Stürmer der Bundesliga macht. RB-Trainer Marco Rose bescheinigt ihm ein unglaubliches Potenzial. Für seine Größe ist Sesko sehr schnell und technisch stark, und mit seiner enormen Sprungkraft ist er ein dankbarer Abnehmer für Flanken. Welch hohen Status der 20-Jährige in der Nationalmannschaft besitzt, lässt sich auch daran erkennen, dass er die Elfmeter schießt. Auch beim entscheidenden 2:1-Sieg gegen Kasachstan blieb er vom Punkt eiskalt und traf zum zwischenzeitlichen 1:0. Mit fünf Toren schloss er die Qualifikation zudem als bester Torschütze seiner Mannschaft ab. Man darf davon ausgehen, dass Leipzig für den Stürmer nur eine Zwischenstation sein wird.

FAKTEN

Hauptstadt: Ljubljana
Einwohner: 2,10 Millionen

EM-Endrundenteilnahmen: 1
EM-Bilanz: 0 Siege, 2 Unentschieden, 1 Niederlage
Größter EM-Erfolg: Vorrunde (2000)
Höchster Länderspielsieg: 7:0 im Oman (8. Februar 1999)
Höchste Länderspielniederlage: 0:5 in Frankreich (12. Oktober 2002)
Rekordnationalspieler: Bostjan Cesar (101 Spiele)
Rekordtorschütze: Zlatko Zahovic (35 Tore)
FIFA-Weltrangliste: 54.

Trainer: Matjaz Kek.

GRUPPE C: DÄNEMARK

ZWISCHEN TRIUMPH UND DRAMA

Es ist zynisch, aber seinen größten Erfolg hat der dänische Fußball dem Ausbruch eines Krieges zu verdanken. Zehn Tage vom Start der EM 1992 schloss die UEFA Jugoslawien vom Turnier aus. Dänemark rückte nach – und der Rest ist Geschichte. Auch ohne ihren Topstar Michael Laudrup, der sich mit Trainer Richard Möller Nielsen überworfen hatte, überstanden die Dänen die Vorrunde und besiegten in einem begeisternden Halbfinale den Topfavoriten Niederlande nach Elfmeterschießen. Im Finale düpierte „Danish Dynamite" die deutsche Auswahl mit 2:0. Eine der größten Sensationen in der EM-Geschichte war perfekt. Es sollten 29 Jahre vergehen, bis die Dänen wieder in die Nähe eines solchen Erfolgs kamen. Dabei hätte der Auftakt in die erste paneuropäische EM 2021 nicht unglücklicher verlaufen können. Das Team des ehemaligen Mainzer Bundesliga-Trainers Kasper Hjulmand verlor nicht nur gegen Finnland mit 0:1, es musste in der 43. Minute auch einen ungeheuerlichen Schock verkraften. Ohne Fremdeinwirkung war Mittelfeldstar Christian Eriksen zusammengebrochen und musste noch auf dem Platz reanimiert werden. Eriksen hatte einen Herzstillstand erlitten, überzeugte seine Teamkollegen aber vom Krankenhaus aus, das Spiel fortzuführen. Die dänischen Spieler erreichte in den folgenden Tagen eine Welle der Solidarität. Das zweite Gruppenspiel gegen Belgien ging trotz einer starken Leistung mit 1:2 verloren, aber durch einen 4:1-Erfolg im abschließenden Duell gegen Russland erreichten die Dänen doch noch die K.o.-Phase. Im Achtelfinale ließen sie Wales beim 4:0 keine Chance, ehe in der Runde der letzten Acht ein 2:1 gegen Tschechien folgte. In Dänemark wuchs die Hoffnung auf ein Fußballmärchen, ehe im Halbfinale das knappe Aus gegen England folgte (1:2 nach Verlängerung). Für die Europameisterschaft im kommenden Jahr qualifizierten sich die Dänen als Gruppensieger.

DER STAR: RASMUS HÖJLUND

Sturm Graz hatte eine hervorragende Idee. Der österreichische Bundesligist verpflichtete im Januar 2022 für knapp zwei Millionen Euro einen dänischen Teenager namens Rasmus Höjlund. Der 18-jährige Stürmer hatte in den Monaten zuvor erste Profierfahrungen beim FC Kopenhagen gesammelt und offenbar mächtig Eindruck hinterlassen. Mit seiner Größe von 1,91 Metern und dynamischen Spielweise erinnerte er unweigerlich an einen anderen jungen Stürmer aus Skandinavien, der einst in Österreich seinen Durchbruch feierte: Erling Haaland. In seinen ersten zwei Monaten in Graz erzielte Höjlund sechs Tore. Nach einem furiosen Start in die Saison 2022/23 mit drei Toren und zwei Torvorlagen in nur fünf Spielen wurde Atalanta Bergamo bei den Steirern vorstellig. Und so verließ der Däne Graz nach sieben Monaten wieder – für eine stattliche Ablösesumme von 20 Millionen Euro. Das nennt man wohl ein gutes Geschäft. Höjlund hörte bei Atalanta jedoch nicht auf, seinen Marktwert zu steigern. Mühelos meisterte er den Sprung in die deutlich stärkere Serie A und erzielte in seiner Debütsaison zehn Tore in 34 Spielen. Wer eine solche Entwicklung hinlegt, taucht zwangsläufig auf dem Radar der Premier-League-Granden auf. Manchester United, das seit Jahren den eigenen Ansprüchen hinterherhinkt und nach einem Vollstrecker im Stile eines Ruud van Nistelrooy sucht, machte ernst und blätterte 70 Millionen Euro hin, um Höjlund auf die Insel zu holen. Während es in der Premier League beim Dänen noch klemmt, erzielte er in seinen ersten vier Champions-League-Partien für ManU bereits fünf Treffer. Eine überragende Torquote weist der 20-Jährige auch für Dänemark auf. In gerade mal zehn Spielen traf er bereits siebenmal. Höjlund hat das Zeug dazu, eine der Entdeckungen der nächsten EM zu werden.

FAKTEN

Hauptstadt: Kopenhagen
Einwohner: 5,85 Millionen

EM-Endrundenteilnahmen: 9
EM-Bilanz: 10 Siege, 6 Unentschieden, 17 Niederlagen
Größter EM-Erfolg: Titel (1992)
Höchster Länderspielsieg: 17:1 gegen Frankreich (22. Oktober 1908)
Höchste Länderspielniederlage: 0:6 gegen das Deutsche Reich (16. Mai 1937)
Rekordnationalspieler: Simon Kjaer (130 Spiele)
Rekordtorschütze: Jon Dahl Tomasson und Poul Nielsen (jeweils 52 Tore)
FIFA-Weltrangliste: 19.

Trainer: Kasper Hjulmand.

GRUPPE C: SERBIEN

WARTEN AUF DEN DURCHBRUCH

Man mag es kaum glauben, aber tatsächlich nimmt Serbien erstmals an einer EM-Endrunde teil. Zugleich sind die Serben der einzige Debütant beim kontinentalen Turnier in Deutschland. Das liegt natürlich auch am jungen Alter des Serbischen Fußball-Bundes, der sich erst 2006 gründete. Von 1992 bis 2003 hatten die Teilrepubliken Serbien und Montenegro die Bundesrepublik Jugoslawien gebildet und von 2003 bis 2006 den Staatenbund Serbien-Montenegro. Das erste offizielle Länderspiel einer serbischen Mannschaft fand am 16. August 2006 statt. Die Europameisterschaft 2008 wurde aber ebenso verpasst wie die folgenden drei Kontinentalturniere. Mehr Erfolg hatten die Serben bei Weltmeisterschaften. 2010, 2018 und 2022 erreichten sie jeweils die Endrunde. Im Vergleich mit Kroatien, dem erfolgreichsten Land aus dem ehemaligen Jugoslawien, fällt Serbien allerdings deutlich ab. Dabei mangelte es den Serben in all den Jahren nicht an großartigen Spielern. Dejan Stankovic, Branislav Ivanovic und Nemanja Matic sind nur drei von ihnen, die zu internationalen Stars heranreiften. Die Nachwuchsarbeit der Hauptstadtclubs Roter Stern und Partizan genießt bis heute einen exzellenten Ruf. Doch die Trainer der „Adler", wie die serbische Nationalmannschaft genannt wird, scheiterten immer wieder daran, aus talentierten Einzelspielern eine schlagkräftige Mannschaft zu formen. Seit 2021 versucht Dragan Stojkovic, die Serben aus der internationalen Bedeutungslosigkeit zu hieven. Bei der WM 2022 scheiterte seine Mannschaft früh, bot mit ihrer offensiven Ausrichtung in allen drei Vorrundenpartien aber zumindest Unterhaltung. In der EM-Qualifikation verloren die Serben um den langjährigen Bundesliga-Profi Filip Kostic beide Spiele gegen Ungarn, präsentierten sich ansonsten aber souverän und wurden Gruppenzweiter vor Montenegro.

DER STAR: ALEKSANDAR MITROVIC

Dusan Vlahovic ist der teuerste Stürmer der Serben. 81,6 Millionen Euro investierte Juventus Turin, um den Torjäger von der AC Florenz loszueisen. Doch obwohl der 23-Jährige auch in der Nationalmannschaft eine tolle Torquote vorweisen kann, steht er im Schatten von Aleksandar Mitrovic. Mit 57 Toren ist der wuchtige Stürmer nicht nur Serbiens Rekordtorschütze, er treibt allen Fußball-Romantikern Tränen in die Augen, denn er ist einer der letzten seiner Art: Ein echter Mittelstürmer, dessen natürliches Habitat der Strafraum ist. Einer, der aus einer Chance zwei Tore machen kann. Mitrovic mag kein eleganter Angreifer sein, aber überall, wo er spielte, traf er zuverlässig. Beim FC Fulham avancierte er in seinen sechs Spielzeiten zum Publikumsliebling. In 206 Pflichtspielen für die Londoner traf er 111-mal und blieb seinem Club auch nach zwei Premier-League-Abstiegen treu. Mit 43 Toren schoss er Fulham in der Saison 2021/22 zum direkten Wiederaufstieg und hatte in der folgenden Spielzeit mit 14 Treffern in nur 24 Spielen erheblichen Anteil daran, dass der Aufsteiger als Zehnter souverän die Klasse hielt. Mitrovic hätte in Fulham zur Legende aufsteigen können, doch im vergangenen Sommer forcierte der 29-Jährige einen Wechsel zu Al-Hilal in die saudische Pro League, wo er dem Vernehmen nach umgerechnet über 450 000 Euro pro Woche verdient. Mit 18 Toren in 19 Spielen liefert Mitrovic bislang auch für den saudischen Hauptstadtclub zuverlässig ab. In der serbischen Nationalmannschaft ist der Sturmtank ohnehin unumstritten. In der Saison 2022/23 avancierte er mit sechs Treffern zum besten Torschützen der Nations League, in der EM-Qualifikation traf er fünfmal. Dabei sind es nicht nur seine Tore, die den Serben helfen. Mitrovic versteht es wie kaum ein zweiter Stürmer in Europa, Bälle festzumachen.

FAKTEN

Hauptstadt: Belgrad
Einwohner: 6,83 Millionen

EM-Endrundenteilnahmen: 0
Höchster Länderspielsieg: 6:1 gegen Wales (11. September 2012)
Höchste Länderspielniederlage: 0:5 in der Ukraine (7. Juni 2019)
Rekordnationalspieler: Branislav Ivanovic (105 Spiele)
Rekordtorschütze: Aleksandar Mitrovic (57 Tore)
FIFA-Weltrangliste: 29.

Trainer: Dragan Stojkovic.

GRUPPE C: ENGLAND

REIF FÜR DEN TITEL

Wer sich einmal einen bestimmten Ruf erworben hat, wird ihn so schnell nicht wieder los. Den Engländern sagte man lange nach, in Drucksituationen bei großen Turnieren zu versagen. Aus der eklatanten Schwäche bei Elfmeterschießen bildete sich ein nationales Trauma heraus. Es ist auch mitverantwortlich dafür, dass der WM-Triumph 1966 bis heute der einzige große Titel dieser Fußball-Nation ist. Von neun Elfmeterschießen verloren die „Three Lions" bei Welt- und Europameisterschaften sieben. Es hatte daher etwas Tragikomisches, als der englische Verband 2016 Gareth Southgate zum neuen Cheftrainer kürte. Jener Southgate hatte schließlich am Trauma mitgebaut, indem er im EM-Halbfinale 1996 mit seinem Elfmeter an DFB-Torhüter Andreas Köpke gescheitert war. 20 Jahre später übernahm er die „Three Lions" an einem Tiefpunkt. Bei der EM 2016 hatten sich diese nach einer uninspirierten Vorrunde im Achtelfinale gegen Island (1:2) bis auf die Knochen blamiert. Southgate leitete einen Umbruch ein und konnte sich dabei auf eine neue Generation hochtalentierter Kicker wie Harry Kane, Raheem Sterling und John Stones stützen. Bei der WM 2018 stürmten die runderneuerten Three Lions ins Halbfinale, bei der EM 2021 erreichten sie sogar das Finale, wo sie – natürlich – im Elfmeterschießen an Italien scheiterten. Mit den Erfolgen wuchsen auch die Ansprüche. Seit dem Viertelfinal-Aus bei der WM 2022 gilt auch Southgate nicht mehr als unantastbar. Kritik muss er sich insbesondere für seine Personalentscheidungen gefallen lassen. So hält er trotz mäßiger Leistungen an altgedienten Spielern wie Harry Maguire, Jordan Henderson oder Kalvin Phillips fest und lässt Premier-League-Überflieger wie James Maddison von den Tottenham Hotspur meist außen vor. Bei der EM 2024 muss Southgate nun liefern. Das Talent für den Titel bringen die Engländer zweifellos mit.

DER STAR: JUDE BELLINGHAM

Gleich drei Spieler der Three Lions generierten bei ihrem letzten Vereinswechsel eine fixe Ablösesumme von mindestens 100 Millionen Euro: Jack Grealish (117,5/Manchester City), Declan Rice (116,6/FC Arsenal) und Jude Bellingham (103,0/Real Madrid). Inklusive Boni würde auch Bayerns Top-Stürmer Harry Kane Einlass in diesen erlesenen Kreis finden. Mehr muss man über die Qualität dieser Mannschaft nicht wissen. Kane trifft in der Bundesliga, wie er will. Und doch thront Bellingham über ihm. Was der 20-jährige Mittelfeldspieler seit seinem Wechsel von Borussia Dortmund zu Real Madrid bietet, bringt selbst die zu Superlativen neigende spanische Hauptstadtpresse an die Grenzen der Kreativität. Bellingham dominiert bei den Königlichen mit einem Selbstverständnis, wie man es einst von Cristiano Ronaldo kannte. In den ersten zehn Ligaspielen gelangen dem Engländer zehn Tore, zwei davon erzielte er beim 2:1-Sieg im Clásico beim FC Barcelona, womit er sich bei den Real-Fans schon jetzt unsterblich machte. Unter Southgate agiert der Überflieger deutlich defensiver, traf in 27 Spielen erst zweimal. Es ist diese Vielseitigkeit, die Bellingham so wertvoll macht. Er kann als Sechser, Achter und Zehner glänzen und vermählt dabei mühelos Härte und Eleganz. Als herausragendes Talent galt er bereits in seiner Jugend, die europäischen Spitzenclubs standen damals Schlange, um ihn von Birmingham City loseisen zu können. Und wieder einmal war es der BVB, der das Rennen machte. Über 30 Millionen Euro blätterten die Dortmunder für den damals 17-Jährigen hin. Es war eine Investition, die sich rasch auszahlte. Wenn man Jude Bellingham heute spielen sieht, könnte man schnell vergessen, einen 20-Jährigen vor sich zu haben. Seine Ära hat gerade erst begonnen.

FAKTEN

Hauptstadt: London
Einwohner: 55,98 Millionen

EM-Endrundenteilnahmen: 10
EM-Bilanz: 15 Siege, 13 Unentschieden, 10 Niederlagen
Größter EM-Erfolg: Finale (2021)

Höchster Länderspielsieg: 13:0 in Irland (18. Februar 1882)
Höchste Länderspielniederlage: 1:7 in Ungarn (23. Mai 1954)
Rekordnationalspieler: Peter Shilton (125 Spiele)
Rekordtorschütze: Harry Kane (62 Tore)
FIFA-Weltrangliste: 4.

Trainer: Gareth Southgate

GRUPPE D

Ralf Rangnick machte nach der Auslosung in der Hamburger Elbphilharmonie keinen sonderlich glücklichen Eindruck. Kein Wunder, bekamen die Österreicher mit Frankreich und den Niederlanden doch zwei Granden des Weltfußballs zugelost. Vervollständigt wird die Gruppe D durch den Playoff-Sieger aus dem Pfad A, also Polen, Estland, Wales oder Finnland. ÖFB-Trainer Rangnick und sein Team können jedoch mit Selbstvertrauen zur EM ins Nachbarland reisen, verloren sie in der Qualifikation doch nur ein einziges Spiel. Die Niederlande hätten ein erneutes Aufeinandertreffen mit Frankreich sicher gern vermieden. Bereits in der Qualifikation setzte sich die Equipe Tricolore in zwei Duellen mit 4:0 und 2:1 gegen das Team von Trainer Ronald Koeman durch. Die Franzosen sind nicht nur der Gruppenfavorit, sondern erneut ein heißer Titelanwärter. Zusätzlichen Ansporn liefert die Erinnerung an die EM 2021, als Kylian Mbappé und Co. nach einem nonchalanten Auftritt bereits im Achtelfinale nach Elfmeterschießen an der Schweiz gescheitert waren.

Sonntag, 16. Juni
| Sieger Playoff A | – | Niederlande | 15 Uhr | Hamburg |

Montag, 17. Juni
| Österreich | – | Frankreich | 21 Uhr | Düsseldorf |

Freitag, 21. Juni
| Sieger Playoff A | – | Österreich | 18 Uhr | Berlin |
| Niederlande | – | Frankreich | 21 Uhr | Leipzig |

Dienstag, 25. Juni
| Niederlande | – | Österreich | 18 Uhr | Berlin |
| Frankreich | – | Sieger Playoff A | 18 Uhr | Dortmund |

GRUPPE D: NIEDERLANDE

IM SCHATTEN DER TOP-NATIONEN

Es ist leicht, die Niederlande zu bewundern. Fast genauso leicht ist es, sich spöttisch über sie zu erheben. Das kleine Land hat dem Fußball einige der größten Talente geschenkt, unvergessene Künstler wie Johan Cruyff, Marco van Basten oder Arjen Robben, doch obwohl vielen niederländischen Mannschaften die Begabung aus allen Poren tropfte, gewann Oranje in all den Jahren nur einen großen Titel: Die Europameisterschaft 1988. Dreimal scheiterten sie in einem WM-Finale. In den vergangenen Jahren haben die Niederlande den Anschluss an die Weltspitze allerdings verloren. Enttäuschend waren zuletzt insbesondere die Auftritte bei Europameisterschaften. 2012 scheiterte die von Bert van Marwijk trainierte Elftal als amtierender Vizeweltmeister ohne einen einzigen Punkt in der Vorrunde. 2016 verpasste die Niederlande die Endrunde als Tabellenvierter ihrer Qualifikationsgruppe. 2021 schien sich der niederländische Patient zu erholen und erreichte souverän das Achtelfinale, wo dann aber nach einer kläglichen Vorstellung gegen Tschechien (0:2) das Aus folgte. In den Niederlanden hat man sich daran gewöhnt, nicht mehr zu den großen Titelfavoriten zu zählen. Wo Oranje sportlich steht, ließ sich in der Qualifikation für die EM 2024 gut beobachten. Das Team von Trainer Ronald Koeman verlor beide Spiele gegen Frankreich, hielt sich ansonsten aber schadlos, auch wenn die Duelle gegen Griechenland, Irland und Gibraltar wenig Glanzlichter boten. Herausragend besetzt ist die Innenverteidigung, Neidisch blickt man in Deutschland auf die Möglichkeiten, die Koeman mit Spielern wie Virgil van Dijk (FC Liverpool), Nathan Aké (Manchester City) und Matthijs de Ligt (FC Bayern München) besitzt. Im Mittelfeld bewahrt Frenkie de Jong (FC Barcelona) das Erbe niederländischer Eleganz, während der 20-jährige Xavi Simons vom Bundesliga-Club RB Leipzig als großer Hoffnungsträger für die Offensive gilt.

DER STAR: VIRGIL VAN DIJK

Als der FC Liverpool im Sommer 2018 umgerechnet knapp 85 Millionen Euro hinblätterte, um Virgil van Dijk vom FC Southampton loszueisen, konnte man das leicht als Ausweis größenwahnsinniger englischer Transferpolitik deuten. 85 Millionen für einen bereits 27-jährigen Verteidiger zu bezahlen, der noch nie bei einem großen Club gespielt hatte, erschien völlig absurd. Nur nicht für Jürgen Klopp. Der Trainer der Reds hatte seinen Wunschspieler für die Defensive bekommen, die höhnischen Kommentare in den Medien ignorierte er gekonnt. Es dauerte ohnehin nur wenige Wochen, bis Klopp wie ein Genie dastand. Van Dijk hob den FC Liverpool auf ein völlig neues Niveau. Der Gegentorschnitt halbierte sich. In der englischen Meisterschaft holten die Reds 97 Punkte, was in fast jedem Jahr zum Titel gereicht hätte. Manchester City kam jedoch auf 98 Zähler. Der Frust währte aber nicht lange. Drei Wochen nach dem letzten Premier-League-Spieltag gewann Liverpool durch einen 2:0-Sieg im Finale gegen Tottenham Hotspur die Champions League. Van Dijk prägte auch in den folgenden Spielzeiten die Renaissance dieses großen Vereins, der 2020 erstmals seit 30 Jahren englischer Meister wurde. Seine größte Stärke ist, dass er keine Schwäche hat. Ob in der Luft oder am Boden, der Niederländer ist in direkten Duellen kaum zu bezwingen. Er verfügt über ein herausragendes Spielverständnis, zugleich beschränkt er sich nicht aufs Toreverhindern. Seine präzisen Diagonalbälle sind in der Premier League ebenso gefürchtet wie seine Kopfballstärke bei Standardsituationen. Davon konnte sich auch bereits der deutsche Abonnementmeister FC Bayern überzeugen. Im Champions-League-Achtelfinale 2018/19 brachte er die Reds mit seinem Kopfballtor zum 2:1 in München auf Siegkurs.

FAKTEN

Hauptstadt: Amsterdam
Einwohner: 17,53 Millionen

EM-Endrundenteilnahmen: 10
EM-Bilanz: 20 Siege, 8 Unentschieden, 10 Niederlagen
Größter EM-Erfolg: Titel (1988)
Höchster Länderspielsieg: 11:0 gegen San Marino (2. September 2011)
Höchste Länderspielniederlage: 2:12 gegen England (1. April 1907)
Rekordnationalspieler: Wesley Sneijder (134 Spiele)
Rekordtorschütze: Robin van Persie (50 Tore)
FIFA-Weltrangliste: 7.

Trainer: Ronald Koeman.

GRUPPE D: ÖSTERREICH

MIT BUNDESLIGA-POWER BERGAUF

„Berlin, Berlin, wir fahren nach Berlin", hallte es durch das spärlich besetzte Tofik-Bakhramov-Stadion in Baku. Eine kleine Delegation österreichischer Fans badete in jener Oktober-Nacht in Euphorie. Sie wurde Augenzeugen eines 1:0-Sieges ihrer Nationalmannschaft in Aserbaidschan, die sich damit vorzeitig für die Europameisterschaft 2024 in Deutschland qualifizierte. Zum dritten Mal in Folge wird ein ÖFB-Team nun also an einer EM-Endrunde teilnehmen, es ist eine Wohltat für das geschundene Selbstbewusstsein. Denn die jüngere Geschichte des österreichischen Fußballs war stets auch vom Kampf um Anerkennung geprägt. Die heimische Bundesliga wurde lange Zeit als Operettenliga verspottet, und die Nationalmannschaft stolperte mithin von einer Verlegenheit in die nächste. Unvergessen ist die 0:9-Niederlage in Spanien während der Qualifikationsphase für die EM 2000. Ins Gedächtnis eingebrannt hat sich auch der 24. März 2019, als das ÖFB-Team gegen das von Österreichs Fußball-Ikone Andreas Herzog trainierte Israel deutlich mit 2:4 verlor. Diese Schmach verdeckte, dass es in dieser Zeit längst aufwärts ging. Immer mehr österreichische Spieler etablierten sich als Leistungsträger in der deutschen Bundesliga und übertrugen dieses hohe Niveau auch auf die Nationalmannschaft. Bei der EM 2021 erreichte das ÖFB-Team erstmals seit 1964 die K.o.-Runde eines großen Turniers. Im Achtelfinale verlor die Mannschaft von Trainer Franco Foda erst in der Verlängerung mit 1:2 gegen Italien. Neun Akteure aus der Startelf standen zu jenem Zeitpunkt bei deutschen Bundesligisten unter Vertrag. Die verpasste Qualifikation für die WM 2022 bremste den Aufschwung etwas ab und kostete Foda den Job. Seit Ralf Rangnick als Teamchef amtiert, hat sich das ÖFB-Team noch einmal weiterentwickelt. In der EM-Qualifikation kassierte Österreich nur eine einzige Niederlage (2:3 gegen Belgien).

DER STAR: DAVID ALABA

Als der gerade 16 Jahre alt gewordene David Alaba von Austria Wien zur B-Jugend des FC Bayern München wechselte, evozierte das in Österreich ungläubiges Kopfschütteln. Schließlich hätte er bei der Austria, wo er bereits regelmäßig mit der ersten Mannschaft trainierte und bei einem Bundesliga-Spiel sogar schon im Aufgebot stand, auch einen Profivertrag unterschreiben können. Stattdessen entschied er sich also für Jugendfußball in Deutschland. Das Wagnis sollte sich rasch auszahlen. Nur eine Saison verbrachte Alaba in der U17- und U19-Bundesliga. Im Februar 2010 berief ihn Trainer Louis van Gaal erstmals in den Kader der ersten Mannschaft, sein Profidebüt für den FC Bayern feierte er am 6. März beim Bundesliga-Spiel in Köln (1:1). Binnen weniger Wochen kam der 17-Jährige auch noch im DFB-Pokal und in der Champions League zum Einsatz. Der endgültige Durchbruch beim deutschen Rekordmeister gelang ihm in der Saison 2011/12, als er in der Bundesliga 30 von 34 Spielen bestritt. Dabei kam ihm auch seine Variabilität zugute, der neue Bayern-Coach Jupp Heynckes setzte ihn auf verschiedenen Positionen im Mittelfeld sowie als Linksverteidiger ein. Ab der Saison 2012/13 spielte sich Alaba als Linksverteidiger fest und avancierte auf seine Position zu einem der besten Spieler der Welt, weil seine Offensivqualitäten nicht zu Lasten defensiver Stabilität gingen. Mit den Bayern gewann Alaba in den folgenden Jahren alle großen Titel. Ab der Saison 2019/20 kam er vermehrt als Innenverteidiger zum Einsatz. Einerseits, weil der Stern von Alphonso Davies auf der linken Seite aufging, und andererseits, weil die Bayern innen dünn besetzt waren. Alaba meisterte auch diese Herausforderung. Im Sommer 2021 wechselte er zu Real Madrid, wo er sofort zum Abwehrchef aufstieg.

FAKTEN

Hauptstadt: Wien
Einwohner: 8,96 Millionen

EM-Endrundenteilnahmen: 3
EM-Bilanz: 2 Siege, 2 Unentschieden, 6 Niederlagen
Größter EM-Erfolg: Achtelfinale (2021)
Höchster Länderspielsieg: 9:0 gegen Malta (30. April 1977)
Höchste Länderspielniederlage: 1:11 gegen England (8. Juni 1908)
Rekordnationalspieler: Marko Arnautovic (111 Spiele)
Rekordtorschütze: Toni Polster (44 Tore)
FIFA-Weltrangliste: 25.

Trainer: Ralf Rangnick.

GRUPPE D: FRANKREICH

DIE JAGD NACH DEM DRITTEN TITEL

An die letzte Europameisterschaft erinnert sich in Frankreich niemand gern zurück. Schon in der Vorrunde versprühte die „Equipe Tricolore" keinen Glanz, und im Achtelfinale erfolgte nach einer zwischenzeitlichen 3:1-Führung das Aus im Elfmeterschießen gegen die Schweiz. Man konnte sich des Eindrucks nicht erwehren, dass die Franzosen an ihrer Arroganz gescheitert waren. Seit der Heim-EM 2016, die mit der Finalniederlage gegen Portugal (0:1 nach Verlängerung) tragisch endete, zählt Frankreich bei jedem Turnier zu den Topfavoriten. Dafür garantiert schon allein Superstar Kylian Mbappé, dessen herausragende Rolle innerhalb dieses Starensembles bei der WM 2022 in Katar deutlich sichtbar wurde. Mit acht Treffern avancierte der Stürmer nicht nur zum besten Torjäger des Turniers, er band auch so viel Aufmerksamkeit, dass seine kaum minder begabten Offensivkollegen automatisch mehr Räume auf dem Feld zur Verfügung hatten. Trotz des hochkarätigen Angriffs definieren sich die Franzosen aber nicht übers Spektakel. Unter Trainer Didier Deschamps, der bereits seit 2012 amtiert, spielt die Equipe Tricolore einen pragmatischen Fußball, der auf defensiver Stabilität fußt. In den acht Qualifikationsspielen auf dem Weg zur EM kassierte Frankreich nur drei Gegentore. Deschamps muss sich manchmal den Vorwurf gefallen lassen, einen langweiligen Stil zu verfolgen. Ernsthafte Zweifel an ihm gibt es aber nicht. Was auch daran liegt, dass Deschamps es geschafft hat, die großen Egos, die einigen Spielern anhaften, zu bändigen. Aus überragenden Solisten hat er eine stabile Einheit geformt. Dazu zählen auch etliche Akteure, die in der Bundesliga spielen beziehungsweise spielten. Entsprechend deutlich ist die Anspruchshaltung in Frankreich: Der dritte EM-Titel nach 1984 und 2000 ist das Ziel.

DER STAR: KYLIAN MBAPPÉ

Der FC Barcelona zahlte für Antoine Griezmann und Ousmane Dembélé zusammen 255 Millionen Euro an Ablöse. Paris Saint-Germain blätterte im Jahr 2018 stolze 180 Millionen Euro für Kylian Mbappé auf den Tisch. Zu dritt bilden sie in der französischen Nationalmannschaft den teuersten Angriff aller Zeiten. Und doch wirkten Dembélé und Griezmann in der Vergangenheit oft nur wie Statisten an der Seite Mbappés, der mit 24 Jahren bereits auf 75 Länderspiele zurückblicken kann, in denen ihm 46 Tore und 30 Torvorlagen gelangen. Es ist nur eine Frage der Zeit, wann der im Pariser Vorort Bondy geborene Stürmer seinen bereits 37-jährigen Teamkollegen Olivier Giroud als Frankreichs Rekordtorschützen ablösen wird. Dass seine Entwicklung noch nicht abgeschlossen ist, bewies er bei der WM in Katar, als er seine Mannschaft in vielen Spielen auf den Schultern trug. Für jeden Verteidiger ist er ein Albtraum, weil er absurde Geschwindigkeit mit technischer Brillanz vermählt. Seine Effizienz vor dem Tor wird weltweit nur vom Norweger Erling Haaland (Manchester City) übertroffen. Während er in Paris das Rampenlicht in den vergangenen Jahren auch mit den Südamerikanern Lionel Messi und Neymar teilen musste, ist er in der Nationalmannschaft der unangefochtene Anführer. Nach dem Rücktritt von Torhüter und Rekordnationalspieler Hugo Lloris übernahm Mbappé zudem die Kapitänsrolle. Dieses bedingungslose Vertrauen tut dem Stürmer, dem man bei PSG immer mal wieder divenhaftes Verhalten vorwirft, sichtlich gut. Es ist nun endgültig sein Team. Daraus erwächst eine noch höhere Verantwortung, und dieser wird Mbappé auch bei der EM in Deutschland gerecht werden müssen. Was danach passieren wird, steht für französische Medien längst fest: ein Wechsel zu Real Madrid.

FAKTEN

Hauptstadt: Paris
Einwohner: 67,75 Millionen

EM-Endrundenteilnahmen: 11
EM-Bilanz: 21 Siege, 12 Unentschieden, 10 Niederlagen
Größter EM-Erfolg: Titel (1984, 2000)
Höchster Länderspielsieg: 14:0 gegen Gibraltar (18. November 2023)
Höchste Länderspielniederlage: 1:17 gegen Dänemark (22. Oktober 1908)

Rekordnationalspieler: Hugo Lloris (145 Spiele)
Rekordtorschütze: Olivier Giroud (54 Tore)
FIFA-Weltrangliste: 2.

Trainer: Didier Deschamps.

GRUPPE E

Belgien startet als klarer Favorit in seine Vorrundengruppe. Die Mannschaft des in zehn Spielen immer noch unbesiegten deutschen Trainers Domenico Tedesco pflügte souverän durch die Qualifikation und stellte mit Romelu Lukaku (14 Toren) den mit Abstand besten Torschützen. Die Roten Teufel gingen bei der Auslosung dem Duell mit Angstgegner Italien aus dem Weg, stattdessen wurden ihnen Rumänien, die Slowakei und der Playoff-Sieger aus dem Pfad B zugelost. In den Playoffs kämpfen Israel, Bosnien-Herzegowina, Island und die Ukraine um das letzte Ticket für die EM-Vorrundengruppe E. Unterschätzen sollten die Belgier die Aufgaben allerdings nicht. Die Rumänen blieben in der Qualifikation ungeschlagen und setzten sich in ihrer Gruppe vor den favorisierten Schweizern durch. Die Slowaken qualifizierten sich ungefährdet als Gruppenzweiter hinter den verlustpunktfreien Portugiesen für die Europameisterschaft in Deutschland. Gegen Belgien spielten sie in ihrer Verbandsgeschichte erst ein einziges Mal. Am 17. April 2002 trennten sich beide Teams 1:1.

Montag, 17. Juni

🇷🇴 Rumänien	–	Sieger Playoff B	15 Uhr	München
🇧🇪 Belgien	–	🇸🇰 Slowakei	18 Uhr	Frankfurt

Freitag, 21. Juni

🇸🇰 Slowakei	–	Sieger Playoff B	15 Uhr	Düsseldorf

Samstag, 22. Juni

🇧🇪 Belgien	–	🇷🇴 Rumänien	21 Uhr	Köln

Mittwoch, 26. Juni

🇸🇰 Slowakei	–	🇷🇴 Rumänien	18 Uhr	Frankfurt
Sieger Playoff B	–	🇧🇪 Belgien	18 Uhr	Stuttgart

GRUPPE E: BELGIEN

DIE UNVOLLENDETEN

Die Reputation Belgiens resultiert vor allem aus seinen kulinarischen Genüssen. Das kleine Land ist bekannt für seine Schokolade, Brauereikunst und Fritten. Eine Fußballnation war das kleine Land lange nicht. Dann kam eine Goldene Generation – und veränderte alles. Seit der Weltmeisterschaft 2014, als der auf Schalke berühmt gewordene Marc Wilmots eine junge, aufregende belgische Mannschaft als Trainer ins Viertelfinale geführt hatte, galten die Roten Teufel als „next big thing", das Team der Zukunft. Seitdem verging kein großes Turnier, in das sie nicht als Geheimfavorit gestartet sind. Kevin De Bruyne, Axel Witsel, Eden Hazard und Co. begeisterten in all den Jahren oft, doch einen Titel gewannen sie nie. Nebenbei alterten sie. Und so konnte man bei der jüngsten WM in Katar der Agonie einer großen Mannschaft beiwohnen. Schon in der Vorrunde kam das Aus. Die Folge war ein Umbruch, den mit Domenico Tedesco ein in Deutschland bestens bekannter Trainer begleitet. Von den großen Stars sind nur Torwart Thibaut Courtois, Spielgestalter Kevin De Bruyne und Torjäger Romelu Lukaku übriggeblieben. Die Defensive, die lange von Vincent Kompany und Toby Alderweireld geprägt worden war, erhielt einen neuen Anstrich. Als einziger erfahrener Akteur ist in diesem Mannschaftsteil Jan Vertonghen verblieben. In der EM-Qualifikation glänzten die Belgier zwar selten, sicherten sich aber souverän den Gruppensieg. Einer der großen Hoffnungsträger für die Zukunft ist Tempodribbler Jeremy Doku (21) von Manchester City. Im zentralen Mittelfeld könnte der 18-jährige Arthur Vermeeren (Royal Antwerpen) perspektivisch in die Rolle schlüpfen, die Witsel lange eingenommen hatte. Belgien mag vorerst aus dem Kreis der Titelfavoriten ausgeschieden sein, das Viertelfinale sollte bei der EM aber drin sein.

DER STAR: KEVIN DE BRUYNE

Es gibt Fußballer, die bereits als Teenager wie ein Komet auf der großen Bühne einschlagen. Manche von ihnen legen danach eine Weltkarriere hin, andere verschwinden wieder in der Versenkung. Kevin De Bruyne passt nicht in diese Schublade. Er reifte langsam, aber beständig zum Superstar, auch wenn er selbst diesen Begriff nicht gerne hört. Allüren sind dem öffentlichkeitsscheuen Belgier fremd, er will einfach nur spielen.

Als der FC Chelsea den damals 20-Jährigen im Jahr 2012 nach London holte, wirkte De Bruyne noch verloren. Erst bei einer Leihe zu Werder Bremen entfaltete der dynamische Mittelfeldspieler sein Potenzial. Bei den Blues wurde er aber auch danach nicht glücklich, was der VfL Wolfsburg nutzte, um den Belgier im Januar 2014 fest zu verpflichten. In Niedersachsen feierte De Bruyne seinen endgültigen Durchbruch und führte die Wölfe 2015 zum Triumph im DFB-Pokal. Mit seiner brillanten Technik und seinen Tempoläufen verzauberte der Belgier die Bundesliga. Und er rief Manchester City auf den Plan. 76 Millionen Euro überwiesen die Engländer im Sommer 2015, um De Bruyne zurück auf die Insel zu holen. Dort etablierte er sich auf Anhieb als Stammspieler. Als City ein Jahr später Pep Guardiola als Trainer verpflichtete, entwickelte sich De Bruyne taktisch noch einmal weiter und avancierte zum Schlüsselspieler in der Offensive der Cityzens, mit denen er fünf englische Meisterschaften und im vergangenen Sommer erstmals auch die Champions League gewann. Auch für die belgische Nationalmannschaft ist der mittlerweile 32-Jährige immer noch unverzichtbar. Wegen einer Oberschenkelverletzung verpasste er weite Teile der EM-Qualifikation seines Teams. Bei der EM wird er für die Roten Teufel aber das tun, was er immer tat: den Rhythmus des Spiels bestimmen.

FAKTEN

Hauptstadt: Brüssel
Einwohner: 11,59 Millionen

EM-Endrundenteilnahmen: 6
EM-Bilanz: 11 Siege, 2 Unentschieden, 9 Niederlagen
Größter EM-Erfolg: Finale (1980)
Höchster Länderspielsieg: 10:1 gegen San Marino (28. Februar 2001)
Höchste Länderspielniederlage: 1:9 gegen England (11. Mai 1927)
Rekordnationalspieler: Jan Vertonghen (153 Spiele)
Rekordtorschütze: Romelu Lukaku (83 Tore)
FIFA-Weltrangliste: 5.

Trainer: Domenico Tedesco.

GRUPPE E: SLOWAKEI

MIT GESCHLOSSENHEIT ZUM ERFOLG

Für die großen Nationen ist die EM-Qualifikation oft nichts weiter als ein lästiges Aufwärmprogramm für die Endrunde. Jubelarien sind nicht zu erwarten, allenfalls eine makellose Qualifikation evoziert medial mehr als ein müdes Abnicken. Wenn sich hingegen ein Außenseiter für eine Europameisterschaft qualifiziert, schwappt eine Begeisterungswelle durchs ganze Land. Allein die Teilnahme an der Endrunde ist schon ein großer Erfolg. Das gilt auch für die Slowakei. Das kleine Land, das nur unwesentlich mehr Einwohner als Rheinland-Pfalz hat, qualifizierte sich nun sogar schon zum dritten Mal in Folge für eine EM-Endrunde. Mit einem 4:2-Heimsieg gegen Island räumten die Slowaken bereits am vorletzten Qualifikationsspieltag die letzten Zweifel beiseite. Insgesamt gewannen sie sieben ihrer zehn Partien, die einzigen Punktverluste kassierten sie gegen den überlegenen Gruppenersten Portugal (0:1 und 2:3) sowie gleich am ersten Spieltag gegen Luxemburg (0:0).

Die konstant guten Leistungen bestätigten den slowakischen Verband auch in seiner Entscheidung für Trainer Francesco Calzona. Die Verpflichtung des 55-jährigen Italieners hatte Ende August 2022 Verwunderung hervorgerufen, schließlich hatte er bis dato noch keine Mannschaft als Cheftrainer betreut. Nach dem Karriereende von Rekordnationalspieler Marek Hamsik im vergangenen Sommer fehlt den Slowaken zwar ein charismatischer Offensivstar, dafür überzeugte das Team in der Qualifikation mit Variabilität und großer Geschlossenheit. Die 17 Treffer verteilten sich auf elf verschiedene Torschützen. Prunkstück ist die Abwehr mit den international gestählten Milan Skriniar (Paris Saint-Germain) und David Hancko (Feyenoord Rotterdam). Eine wichtige Rolle spielen auch die Deutschland-Legionäre Petar Pekarik (Hertha BSC) und Laszlo Benes (Hamburger SV). Auch Ondrej Duda (1. FC Köln, Hertha) ist aus der Bundesliga bekannt.

DER STAR: MILAN SKRINIAR

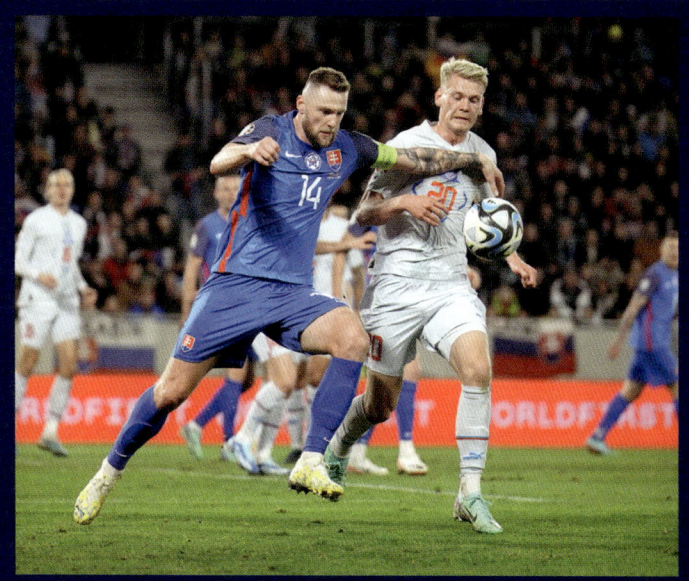

Abwehrspieler haben es von Natur aus schwerer, die Anerkennung der Öffentlichkeit und die Liebe der Fans zu gewinnen. Gewonnene Defensivzweikämpfe und gutes Stellungsspiel sind eben längst nicht so sexy wie ein dynamisches Dribbling, das mit einem Torerfolg ändert. Einer der Verteidiger, die lange unter dem Radar flogen, ist Milan Skriniar. Das mag einerseits an seiner Staatsangehörigkeit liegen, andererseits aber auch daran, dass er sechs Jahre lang für Inter Mailand spielte, das in der Champions League über einen längeren Zeitraum nur eine Nebenrolle spielte. Und als die Norditalieaner im vergangenen Jahr sensationell das Finale erreichten, fehlte Pechvogel Skriniar aufgrund eines Lendenwirbelbruchs. So fehlte ihm über all die Jahre schlichtweg die Präsenz auf den großen Bühnen, um sich einem größeren Publikum bekannt zu machen. Bei Inter Mailand wusste man aber sehr wohl, was man an dem Innenverteidiger hat. Skriniar ist aufgrund seines exzellenten Stellungsspiels und seiner Physis im Zweikampf kaum zu bezwingen, dazu glänzt er im Aufbauspiel mit präzisen Pässen und bleibt auch unter Druck cool. In der Fachwelt blieben die Vorstellungen von Inters Abwehrchef natürlich nicht unbeobachtet. Und so galt Skriniar nach seinem Vertragsende in Mailand im vergangenen Sommer als wertvollster ablösefreier Profi. Manchester City, Tottenham Hotspur und der FC Chelsea wurden als mögliche Destinationen für den 28-Jährigen genannt, doch letztlich entschied er sich für die lukrative Offerte von Paris Saint-Germain. In der französischen Hauptstadt ist Skriniar, der aus der Talentschmiede des MSK Zilina hervorging, gesetzt. Die Slowaken führte er nach dem Rücktritt von Hamsik als Kapitän an. In bislang 66 Partien gelangen dem kopfballstarken Verteidiger dabei drei Tore.

FAKTEN

Hauptstadt: Bratislava
Einwohner: 5,45 Millionen

EM-Endrundenteilnahmen: 2
EM-Bilanz: 2 Siege, 1 Unentschieden, 4 Niederlagen
Größter EM-Erfolg: Achtelfinale (2016)
Höchster Länderspielsieg: 7:0 gegen San Marino (6. Juni 2009)
Höchste Länderspielniederlage: 0:6 in Argentinien (22. Juni 1995)
Rekordnationalspieler: Marek Hamsik (138 Spiele)
Rekordtorschütze: Marek Hamsik (26 Tore)
FIFA-Weltrangliste: 50.

Trainer: Francesco Calzona.

GRUPPE E: RUMÄNIEN

PFLASTER FÜR DIE ALTEN WUNDEN

An der Leidensfähigkeit der rumänischen Fußballfans kann es keinen Zweifel geben. Schließlich scheiterte ihre Nationalmannschaft sechsmal in Folge beim Versuch, sich für eine Weltmeisterschaft zu qualifizieren. Und auch bei Europameisterschaften sind die Rumänen seit dem Ende ihrer Glanzzeit in den 1990er-Jahren nur noch ein unregelmäßiger Gast. Was am 8. Oktober 2020 geschah, erschütterte aber selbst die hartgesottensten Fans. In den Playoffs hofften die Rumänen darauf, sich noch ein Ticket für die EM 2021 zu sichern. Doch schon zum Auftakt scheiterten sie nach einer indiskutablen Vorstellung mit 1:2 an Island. Rumänien hatte an jenem Abend nicht nur irgendeine Europameisterschaft verpasst. Sie beraubten sich der großen Chance, eine Aufbruchstimmung im Land zu erzeugen. Hätten sich die Rumänen nämlich für die paneuropäische EM qualifiziert, hätten sie drei Gruppenspiele und ein mögliches Achtelfinale in der Hauptstadt Bukarest austragen können. Die nächste bittere Enttäuschung folgte ein Jahr später. Und wieder spielte Island eine entscheidende Rolle. Durch ein 0:0 gegen den Inselstaat verlor Rumänien Platz zwei in seiner WM-Qualifikationsgruppe an Nordmazedonien und verpasste das Turnier in Katar. Bei der EM in Deutschland werden die Rumänen nun aber endlich wieder auf einer großen Bühne zurück sein. Die Südosteuropäer verloren in ihrer Qualifikationsgruppe keines ihrer zehn Spiele und kassierten dabei nur fünf Gegentore. Als Gruppensieger mit 22 Punkten distanzierten sie die Schweiz (17) deutlich. Eng verknüpft ist der Aufschwung mit Trainer Eduard Iordanescu, der ein starkes Kollektiv mit hoher taktischer Disziplin geformt hat. Schon sein Vater Anghel Iordanescu fungierte während drei Amtszeiten (1993–1998, 2002–2004, 2014–2016) als rumänischer Nationaltrainer.

DER STAR: NICOLAE STANCIU

In gewisser Weise ist Nicolae Stanciu ein Pionier. Er spielte bereits in Saudi-Arabien, als die ansässige Pro League noch nicht beschlossen hatte, mit obszönen Summen den europäischen Transfermarkt durcheinanderzuwirbeln. Im Januar 2019 wechselte der Rumäne für zehn Millionen Euro von Sparta Prag zu Al-Ahli SFC. Doch nur ein halbes Jahr später kehrte er nach Europa zurück und gab ausgerechnet Spartas Erzrivalen Slavia Prag seine Zusage. Stanciu ist also nicht nur ein Pionier, sondern verfügt auch über eine ausgeprägte Chuzpe. Den offensiven Mittelfeldspieler kann man getrost als Wandervogel bezeichnen. Seit er mit 23 Jahren seine Heimat und den rumänischen Spitzenclub Steaua Bukarest verließ, spielte er in sieben Jahren für sechs verschiedene Vereine. Neben Tschechien und Saudi-Arabien führte ihn seine Welttournee auch nach Belgien und China. Im vergangenen Sommer kehrte er nach Saudi-Arabien zurück, wo er nun für den Damac FC auf Torejagd geht. Man fragt sich unweigerlich, was dieser begabte Fußballer hätte erreichen können, hätte er nicht derart oft den Verein gewechselt. Der nur 1,70 Meter große Stanciu ist ein brillanter Techniker, der Pässe millimetergenau an den Mann bringen kann. Zudem hat er sich den Ruf eines Freistoßspezialisten erworben. Im März 2016 feierte er sein Debüt in der rumänischen A-Nationalmannschaft. In seinen ersten fünf Spielen erzielte er vier Treffer. Diese Torquote konnte Stanciu zwar nicht aufrechterhalten. In der rumänischen Auswahl ist er aber als Stammspieler gesetzt und führte sein Team in der EM-Qualifikation mit drei Toren an. Zwei davon erzielte er per direkt verwandeltem Freistoß. Nun will der Meister der ruhenden Bälle bei seiner zweiten Europameisterschaft die rumänische EM-Bilanz aufhübschen. In 16 Spielen gelang erst ein Sieg.

FAKTEN

Hauptstadt: Bukarest
Einwohner: 19,12 Millionen

EM-Endrundenteilnahmen: 5
EM-Bilanz: 1 Sieg, 5 Unentschieden, 10 Niederlagen
Größter EM-Erfolg: Viertelfinale (2000)
Höchster Länderspielsieg: 9:0 gegen Finnland (14. Oktober 1973)
Höchste Länderspielniederlage: 0:9 in Ungarn (6. Juni 1948)
Rekordnationalspieler: Dorinel Muntenanu (134 Spiele)
Rekordtorschütze: Gheorghe Hagi, Adrian Mutu (35 Tore)
FIFA-Weltrangliste: 48.

Trainer: Eduard Iordanescu.

GRUPPE F

Nach einer makellosen EM-Qualifikation reisen die Portugiesen als Mitfavorit nach Deutschland. Dabei treffen sie zum vierten Mal nach 1996, 2000 und 2008 in der Vorrunde auf die Türkei. Die Bilanz macht Mut: Portugal gewann nicht nur die bisherigen drei Duelle, sondern blieb dabei auch ohne Gegentor. Zuletzt begegneten sich beide Nationen in den Playoffs zur WM 2022. Auch hier setzten sich Cristiano Ronaldo und Co. mit 3:1 durch. Während Portugal den Gruppensieg anvisiert, werden sich die Türkei und Tschechien voraussichtlich um den zweiten Platz streiten. Die Türken hinterließen in der Qualifikation den etwas stärkeren Eindruck, und auch der Blick in die Historie spricht für sie: Im Jahr 2008 und 2016 begegneten sich beide Teams in der EM-Gruppenphase, beide Male setzte sich die Türkei durch. Vervollständigt wird die Gruppe F durch den Sieger aus dem Playoff-Pfad C, also Griechenland, Georgien, Kasachstan oder Luxemburg. Ein Duell gegen Griechenland würde bei den Portugiesen unliebsame Erinnerungen an das verlorene EM-Finale 2004 wachrufen.

Dienstag, 18. Juni

| Türkei | – | Sieger Playoff C | 18 Uhr | Dortmund |
| Portugal | – | Tschechien | 21 Uhr | Leipzig |

Samstag, 22. Juni

| Sieger Playoff C | – | Tschechien | 15 Uhr | Hamburg |
| Türkei | – | Portugal | 18 Uhr | Dortmund |

Dienstag, 25. Juni

| Sieger Playoff C | – | Portugal | 21 Uhr | Gelsenkirchen |
| Tschechien | – | Türkei | 21 Uhr | Hamburg |

GRUPPE F: TÜRKEI

SEHNSUCHT NACH ALTER GRÖSSE

Fußballfans vergessen nie. Erst recht nicht, wenn sie eine ungezügelte Leidenschaft mitbringen, die auch mal ins Fanatische abdriften kann. In der Türkei erinnert man sich nur zu gut an die Zeit rund um die Jahrtausendwende, als ihre Nationalmannschaft die Ketten sprengte und sich auf die große internationale Fußball-Bühne katapultierte. Bei der EM 2000 in Belgien und den Niederlanden erreichten die Türken erstmals die K.o.-Phase eines großen Turniers. Und wäre da nicht eine frühe Rote Karte und ein verschossener Elfmeter gewesen, hätte im Viertelfinale gegen Portugal (0:2) nicht Endstation sein müssen. Diese EM sollte allerdings nur ein Vorgeschmack sein auf das, was zwei Jahre später folgte. Bei der Weltmeisterschaft in Südkorea, die von einem nie dagewesenen Favoritensterben gekennzeichnet war, erreichten die Türken sensationell das Halbfinale, wo sie erst nach großem Kampf mit 0:1 am späteren Weltmeister Brasilien scheiterten. Im Spiel um Platz drei bezwang das Team von Trainer Senol Günes Gastgeber Südkorea mit 3:2. Dabei schoss Stürmerstar Hakan Sükür nach elf Sekunden das schnellste Tor der WM-Geschichte. Von Dauer war das Hoch des türkischen Fußballs allerdings nicht. Denn jene Partie am 29. Juni 2002 ist bis heute der letzte türkische Auftritt bei einer WM-Endrunde. 2008 erreichten die Türken bei der EM noch einmal das Halbfinale, wo sie mit 2:3 an Deutschland scheiterten. Seitdem gab es auch auf kontinentaler Ebene nicht mehr viel zu bejubeln, bei den jüngsten beiden Europameisterschaften scheiterte die Türkei bereits in der Vorrunde. Das soll sich bei der kommenden EM ändern. Die Türken lösten in der Qualifikation souverän als Gruppensieger ihr Endrundenticket, auch wenn der Weg dorthin nicht frei von Turbulenzen war. So wurde Trainer Stefan Kuntz Mitte September nach einer 2:4-Testspielniederlage gegen Japan entlassen und durch den Italiener Vincenzo Montella ersetzt.

DER STAR: HAKAN CALHANOGLU

In der Türkei ist in den vergangenen Jahren eine neue Generation hoch veranlagter junger Spieler herangewachsen, die ihren Zenit noch nicht erreicht haben. Kapitän, Anführer und Star der Mannschaft ist allerdings einer, der in Deutschland bestens bekannt ist: Hakan Calhanoglu. Der Stern des in Mannheim geborenen Mittelfeldspielers ging in der Saison 2012/13 auf, als er den Karlsruher SC mit 17 Toren und 12 Vorlagen zurück in die Zweite Bundesliga führte und zum besten Spieler der Dritten Liga gewählt wurde. Der Hamburger SV hatte bereits ein Jahr zuvor die Transferrechte an Calhanoglu erworben, ihn aber direkt an den KSC zurück verliehen. Im Sommer 2013 schlug das Supertalent schließlich am Volkspark auf. Den Sprung von der Dritten in die Bundesliga meisterte Calhanoglu mit erstaunlicher Leichtigkeit. In seiner ersten Saison für den HSV schoss er elf Tore, das Schönste davon beim 3:0-Sieg gegen Borussia Dortmund, als er einen Freistoß aus über 40 Metern in den Winkel jagte. Zudem feierte er mit 19 Jahren sein Debüt für die A-Nationalmannschaft der Türkei. Nach nur einer Saison in Hamburg zog Calhanoglu, der seinen Vertrag erst wenige Monate zuvor bis 2018 verlängert hatte, weiter zum Champions-League-Teilnehmer Bayer Leverkusen. Dort etablierte er sich sofort als Stammspieler, konnte die enorm hohen Erwartungen aber nicht immer erfüllen. In der Saison 2016/17 verpasste er weite Teile der Rückrunde, weil ihn die FIFA für vier Monate gesperrt hatte. Calhanoglu soll als Minderjähriger eine Transfervereinbarung mit dem türkischen Erstligisten Trabzonspor gebrochen haben. Im Sommer 2017 verließ Calhanoglu die Bundesliga und wechselte zum AC Mailand. Seit 2021 steht er bei Inter Mailand unter Vertrag, wo er taktisch noch einmal dazulernte und nun defensiver im Mittelfeld eingesetzt wird.

FAKTEN

Hauptstadt: Ankara
Einwohner: 84,78 Millionen

EM-Endrundenteilnahmen: 5
EM-Bilanz: 4 Siege, 2 Unentschieden, 12 Niederlagen
Größter EM-Erfolg: Halbfinale (2008)
Höchster Länderspielsieg: 7:0 gegen Südkorea (20. Juni 1954)
Höchste Länderspielniederlage: 0:8 gegen England (14. November 1984)
Rekordnationalspieler: Rüstü Recber (120 Spiele)
Rekordtorschütze: Hakan Sükür (51 Tore)
FIFA-Weltrangliste: 38.

Trainer: Vincenzo Montella.

GRUPPE F: PORTUGAL

ZWISCHEN TRAUM UND TRAUMA

Die Faszination des Fußballs speist sich auch aus seinen merkwürdigen Kapriolen. Wer könnte das besser beurteilen als die Portugiesen? Sie wissen, wie es ist, auf unerklärliche Weise zu scheitern. Sie taten es oft. Nur, um dann, als niemand mehr mit ihnen rechnete, auf unwahrscheinlich Weise zu gewinnen. Im Juli 2004 stand die beste Mannschaft, die Portugal jemals hatte, bei der Heim-Europameisterschaft im Finale. Der Gegner: Griechenland, trainiert von Otto Rehhagel und spielerisch Lichtjahre entfernt von jener portugiesischen Elf, zu der damals bereits der junge Cristiano Ronaldo zählte. Ein ganzes Land rüstete sich bereits für die Festivitäten, die den ersten großen Titel von Portugals Fußballern umrahmen sollten. Doch dann zermürbten die Griechen die Portugiesen mit ihrer Mauertaktik und gewannen das Finale mit 1:0. Dieses Trauma schleppte das Land jahrelang mit sich herum. Stets zählten die Portugiesen, bei den folgenden Turnieren zu den Mitfavoriten, stets scheiterten sie früher als erwartet. Und dann kam die EM 2016. Eine auf dem Papier längst nicht mehr so beeindruckende portugiesische Mannschaft dilettierte mit drei Unentschieden durch die Vorrunde, qualifizierte sich nur als einer der vier besten Gruppendritten für die K.-o.-Phase. 18 Tage später streckte Ronaldo den Pokal in den Himmel, nachdem die Portugiesen EM-Gastgeber Frankreich im Finale nach Verlängerung mit 1:0 bezwungen hatten. Nur ein einziges Spiel in diesem Turnier hatte Portugal nach regulärer Spielzeit für sich entscheiden können. Seitdem kamen die Portugiesen nicht mehr über das Viertelfinale hinaus. 2024 sollte man sie wieder auf der Rechnung haben. Trainer Roberto Martinez hat einen Kader beisammen, der ohne Schwachstelle auskommt. Portugal fegte durch die Qualifikation. Und Ronaldo spielt immer noch.

DER STAR: CRISTIANO RONALDO

Als am 20. August 2003 ein 18-jähriges Talent von Sporting Lissabon in der zweiten Halbzeit des Freundschaftsspiels gegen Kasachstan eingewechselt wurde, nahm von der Weltöffentlichkeit kaum jemand Notiz davon. Cristiano Ronaldos unglaubliche Nationalmannschaftskarriere begann vor 8000 Zuschauern in Chaves, mit ihm mühte sich Portugal zu einem 1:0-Erfolg. 20 Jahre später steht Ronaldo immer noch auf dem Platz. Im März löste er mit seinem 197. Länderspiel den bisherigen Weltrekordhalter Bader Al-Mutawa aus Kuwait ab. Mittlerweile sind es 207 Länderspiele für den Superstar, dabei gelangen ihm genauso schwindelerregende 129 Tore. Mit 38 Jahren verfügt Ronaldo nicht mehr über das Tempo und die Geschmeidigkeit früherer Tage, sein Spiel ist statischer geworden. Auf seine Kopfballstärke und seinen untrüglichen Torinstinkt kann er sich aber immer noch verlassen. Allein in der EM-Qualifikation, die die Portugiesen mit einer makellosen Bilanz abschlossen, gelangen ihm neun Tore bei sieben Einsätzen. Eine ähnliche Torquote kann er für den saudischen Club Al-Nassr vorweisen, für den er seit Jahresbeginn kickt. Dass er mit Portugal nur einen großen Titel holen konnte, wurmt diesen vor Ehrgeiz berstenden Jahrhundertspieler bis heute. Nach dem Viertelfinal-Aus bei der Weltmeisterschaft in Katar vergoss Ronaldo bittere Tränen. Eine weitere WM-Teilnahme scheint ausgeschlossen, umso größer ist seine Hoffnung, sein Team in Deutschland zum zweiten EM-Titel zu führen. Dabei ist Ronaldos Präsenz für Portugal Fluch und Segen zugleich. Niemand zweifelt daran, dass er immer noch Spiele entscheiden kann, aber seine Rolle als Fixpunkt birgt auch Nachteile. Sie verhindert, dass sich andere Spieler, die in dieser Mannschaft über Weltklasse-Niveau verfügen, voll entfalten können.

FAKTEN

Hauptstadt: Lissabon
Einwohner: 10,33 Millionen

EM-Endrundenteilnahmen: 8
EM-Bilanz: 18 Siege, 9 Unentschieden, 8 Niederlagen
Größter EM-Erfolg: Titel (2016)
Höchster Länderspielsieg: 9:0 gegen Luxemburg (11. September 2023)
Höchste Länderspielniederlage: 0:10 gegen England (25. Mai 1947)
Rekordnationalspieler: Cristiano Ronaldo (207 Spiele)
Rekordtorschütze: Cristiano Ronaldo (129 Tore)
FIFA-Weltrangliste: 6.

Trainer: Roberto Martinez.

GRUPPE F: TSCHECHIEN

MIT VIEL DRAMA ZUR EM

Wut, Freude, Entsetzen – in nur 48 Stunden erlebten die tschechischen Fußballfans die ganze Klaviatur der Emotionen. Was war passiert? Nun, vor dem entscheidenden EM-Qualifikationsspiel gegen die Republik Moldau hielten es die Nationalspieler Petr Coufal, Jakub Brabec und Jan Kuchta für eine gute Idee, in einem angesagten Nachtclub schon einmal anzuschwitzen. Bis in die frühen Morgenstunden feierte das Trio in Olmütz, was natürlich nicht unbemerkt blieb. Der tschechische Verband sühnte dieses unprofessionelle Verhalten vor dem wichtigsten Länderspiel des Jahres mit dem Rauswurf der Feierwütigen. Und das so wichtige Spiel gegen die Moldauer, die ebenfalls noch eine Chance auf ein EM-Ticket besaßen, rückte medial plötzlich in den Hintergrund. Es spricht für die tschechischen Spieler, dass sie sich von dem Wirbel um ihre Teamkollegen nicht irritieren ließen. Schon in der 14. Minute brachte David Doudera die Tschechen auf Kurs, in der zweiten Halbzeit legten sie in Überzahl noch zwei Treffer nach. Damit setzte Tschechien eine eindrucksvolle Serie fort. Seit der Neuformierung im Jahr 1994 als Folge des Zerfalls der Tschechoslowakei qualifizierte sich Tschechien für jede Europameisterschaft. Die Freude über die gesicherte Teilnahme an der EM 2024 in Deutschland blieb den Fans allerdings im Halse stecken, denn auf der Pressekonferenz nach dem Sieg über Moldau verkündete der seit September 2018 amtierende Trainer Jaroslav Silhavy seinen Rücktritt. Der 62-Jährige begründete seinen Schritt mit dem enormen Druck, der auf ihm und seinem Trainerteam gelastet habe. Die Entscheidung sei bereits vor der Partie gegen Moldau gefallen. Silhavy hatte die Tschechen bei der EM 2021 ins Viertelfinale geführt, wo sie im Duell der Überraschungsteams mit 1:2 an Dänemark scheiterten.

DER STAR: TOMAS SOUCEK

Was macht einen Spieler unersetzlich? Manchmal ist es eine bestimmte Fähigkeit, die niemand anderes in der Mannschaft einbringen kann: der tödliche Pass. Oder der eiskalte Abschluss. In den meisten Fällen hat die herausragende Bedeutung eines einzelnen Spielers aber weniger mit einer konkreten fußballerischen Qualität zu tun, sondern mit einer Aura, die ihn umgibt. Allein seine Präsenz verleiht den Mitspielern Stabilität, er macht all die kleinen Dinge auf dem Platz richtig und diktiert den Herzschlag seiner Mannschaft. In der tschechischen Nationalmannschaft ist Tomas Soucek dieser Spieler. Der 1,92 Meter große Modellathlet ist der Regent des Mittelfeldes. An ihm prallen die Angriffswellen der Gegner ab, keiner erobert so viele Bälle wie er. Nur begnügt sich Soucek nicht mit dem Unterbinden gegnerischer Angriffe, der Kapitän initiiert auch die Offensivaktionen seines Teams. Und er ist torgefährlich. Zwölf Treffer in 66 Länderspielen sind eine starke Ausbeute für einen defensiven Mittelfeldspieler. Am vorletzten Spieltag der EM-Qualifikation erzielte er in Polen kurz nach der Pause den wichtigen 1:1-Ausgleich, auch zum 3:0-Erfolg gegen die Republik Moldau steuerte er einen Treffer bei. Es war sein dritter in der Qualifikation, wodurch er gemeinsam mit David Cerny zum besten tschechischen Torschützen avancierte. Zudem verpasste Soucek keine einzige Minute. Dabei kann man den 28-Jährigen durchaus als Spätzünder bezeichnen. Erst mit 25 verließ er seine Heimat und wechselte zunächst auf Leihbasis von Slavia Prag zu West Ham United nach England. Ein halbes Jahr später verpflichteten ihn die Londoner für eine Ablöse von 16,2 Millionen Euro fest. Seitdem ist er bei den Hammers nicht mehr wegzudenken, auch weil er ein echter Dauerbrenner ist: Nur ein einziges Spiel verpasste er verletzungsbedingt.

FAKTEN

Hauptstadt: Prag
Einwohner: 10,51 Millionen

EM-Endrundenteilnahmen: 7
EM-Bilanz: 12 Siege, 4 Unentschieden, 12 Niederlagen
Größter EM-Erfolg: Finale (2006)
Höchster Länderspielsieg: 8:1 gegen Andorra (4. Juni 2005)
Höchste Länderspielniederlage: 0:5 in England (22. März 2019)
Rekordnationalspieler: Petr Cech (124 Spiele)
Rekordtorschütze: Jan Koller (55 Tore)
FIFA Weltrangliste: 41.

Ex-Trainer: Jaroslav Silhavy (am 20.11.23 zurückgetreten).

EM-QUALIFIKATION

53 Nationalmannschaften ermittelten zwischen März und November 2023 in zehn Qualifikationsgruppen 20 Teilnehmer der EM. Gastgeber Deutschland ist automatisch qualifiziert, die letzten drei Startplätze werden in den Playoffs im März 2024 vergeben. Die 53 Teams traten in sieben Fünfer- und drei Sechsergruppen in Hin- und Rückspielen gegeneinander an, der Erst- und der Zweitplatzierte lösten das EM-Ticket. Russland wurde wegen des Angriffskrieges auf die Ukraine von den Qualifikationsspielen ausgeschlossen, Belarus durfte teilnehmen, musste seine Heimspiele jedoch auf neutralem Boden austragen. Frankreich feierte mit dem 14:0 gegen Gibraltar den höchsten Sieg, den es jemals in einem EM-Qualifikationsspiel gab. Titelverteidiger Italien zitterte sich am letzten Spieltag mit einem 0:0 gegen die Ukraine zur EM und entging nur aufgrund der besseren Tordifferenz einer Blamage, wie sie einst den Franzosen widerfahren war, die als Europameister von 1984 die Qualifikation für das Turnier 1988 verpassten.

Eine schwarze Stunde erlebte der europäische Fußball am 16. Oktober 2023. Die Partie zwischen Belgien und Schweden musste nach der ersten Halbzeit abgebrochen werden, nachdem rund eineinhalb Stunden vor Spielbeginn bei einem islamistischen Terroranschlag in der Brüsseler Innenstadt zwei schwedische Staatsbürger getötet wurden und in der belgischen Hauptstadt die höchste Terrorwarnstufe ausgelöst worden war. Die Spieler beider Teams weigerten sich daraufhin, aufs Feld zurückzukehren, die Zuschauer durften erst gegen Mitternacht das Stadion verlassen. Die UEFA entschied, die Partie mit dem Halbzeitstand von 1:1 zu werten.

Deutschland ist als Gastgeber automatisch für die EM qualifiziert. Dennoch fand im November 2023 ein Qualifikationsspiel auf deutschem Boden statt. Wegen des russischen Angriffskrieges musste die Ukraine ihre Heimspiele im Ausland absolvieren. Nach den Partien in Trnava (Slowakei), Breslau und Prag fand das entscheidende Spiel am letzten Spieltag gegen Italien in Leverkusen statt. Trotz allen Einsatzes wie in dieser Szene von Yukhym Konoplia (links) gegen Federico Chiesa kamen die Ukrainer nicht über ein 0:0 hinaus und verpassten aufgrund der schlechteren Tordifferenz gegenüber Italien die direkte Qualifikation und müssen in die Playoffs.

GRUPPE A

1.	**Spanien**	8	25:5	21
2.	**Schottland**	8	17:8	17
3.	Norwegen	8	14:12	11
4.	Georgien	8	12:18	8
5.	Zypern	8	3:28	0

Schottland – Zypern	3:0 (1:0)	Spanien – Zypern	6:0 (2:0)
Spanien – Norwegen	3:0 (1:0)	Norwegen – Georgien	2:1 (2:0)
Georgien – Norwegen	1:1 (0:1)	Spanien – Schottland	2:0 (0:0)
Schottland – Spanien	2:0 (1:0)	Zypern – Norwegen	0:4 (0:1)
Norwegen – Schottland	1:2 (0:0)	Georgien – Zypern	4:0 (0:0)
Zypern – Georgien	1:2 (1:1)	Norwegen – Spanien	0:1 (0:0)
Schottland – Georgien	2:0 (1:0)	Georgien – Schottland	2:2 (1:0)
Norwegen – Zypern	3:1 (1:0)	Zypern – Spanien	1:3 (0:3)
Georgien – Spanien	1:7 (0:4)	Spanien – Georgien	3:1 (1:1)
Zypern – Schottland	0:3 (0:3)	Schottland – Norwegen	3:3 (2:2)

GRUPPE C

1.	**England**	8	22:4	20
2.	**Italien**	8	16:9	14
3.	Ukraine	8	11:8	14
4.	Nordmazedonien	8	10:20	8
5.	Malta	8	2:20	0

Italien – England	1:2 (0:2)	Italien – Ukraine	2:1 (2:1)
Nordmazedonien – Malta	2:1 (0:0)	Malta – Nordmazedonien	0:2 (0:2)
England – Ukraine	2:0 (2:0)	Ukraine – Nordmazedonien	2:0 (1:0)
Malta – Italien	0:2 (0:2)	Italien – Malta	4:0 (2:0)
Malta – England	0:4 (0:3)	England – Italien	3:1 (1:1)
Nordmazedonien – Ukraine	2:3 (2:0)	Malta – Ukraine	1:3 (1:2)
England – Nordmazedonien	7:0 (3:0)	Italien – Nordmazedonien	5:2 (3:0)
Ukraine – Malta	1:0 (0:0)	England – Malta	2:0 (1:0)
Ukraine – England	1:1 (1:1)	Nordmazedonien – England	1:1 (1:0)
Nordmazedonien – Italien	1:1 (0:0)	Ukraine – Italien	0:0

GRUPPE B

1.	**Frankreich**	8	29:3	22
2.	**Niederlande**	8	17:7	18
3.	Griechenland	8	14:8	13
4.	Irland	8	9:10	6
5.	Gibraltar	8	0:41	0

Frankreich – Niederlande	4:0 (3:0)	Irland – Niederlande	1:2 (1:1)
Gibraltar – Griechenland	0:3 (0:2)	Griechenland – Gibraltar	5:0 (2:0)
Niederlande – Gibraltar	3:0 (1:0)	Niederlande – Frankreich	1:2 (0:1)
Irland – Frankreich	0:1 (0:0)	Irland – Griechenland	0:2 (0:2)
Griechenland – Irland	2:1 (1:1)	Griechenland – Niederlande	0:1 (0:0)
Gibraltar – Frankreich	0:3 (0:2)	Gibraltar – Irland	0:4 (0:2)
Frankreich – Griechenland	1:0 (0:0)	Frankreich – Gibraltar	14:0 (7:0)
Irland – Gibraltar	3:0 (0:0)	Niederlande – Irland	1:0 (1:0)
Frankreich – Irland	2:0 (1:0)	Griechenland – Frankreich	2:2 (0:1)
Niederlande – Griechenland	3:0 (3:0)	Gibraltar – Niederlande	0:6 (0:3)

GRUPPE D

1.	**Türkei**	8	14:7	17
2.	**Kroatien**	8	13:4	16
3.	Wales	8	10:10	12
4.	Armenien	8	9:11	8
5.	Lettland	8	15:19	3

Armenien – Türkei	1:2 (1:1)	Armenien – Kroatien	0:1 (0:1)
Kroatien – Wales	1:1 (1:0)	Lettland – Wales	0:2 (0:1)
Türkei – Kroatien	0:2 (0:2)	Kroatien – Türkei	0:1 (0:1)
Wales – Lettland	1:0 (1:0)	Lettland – Armenien	2:0 (1:0)
Wales – Armenien	2:4 (1:2)	Türkei – Lettland	4:0 (0:0)
Lettland – Türkei	2:3 (0:1)	Wales – Kroatien	2:1 (0:0)
Armenien – Lettland	2:1 (1:0)	Armenien – Wales	1:1 (1:1)
Türkei – Wales	2:0 (0:0)	Lettland – Kroatien	0:2 (0:2)
Kroatien – Lettland	5:0 (3:0)	Kroatien – Armenien	1:0 (1:0)
Türkei – Armenien	1:1 (0:0)	Wales – Türkei	1:1 (1:0)

GRUPPE E

1.	Albanien	8	12:4	15
2.	Tschechien	8	12:6	15
3.	Polen	8	10:10	11
4.	Moldau	8	7:10	10
5.	Färöer	8	2:13	2

Tschechien – Polen	3:1 (2:0)	Färöer – Moldau	0:1 (0:0)
Moldau – Färöer	1:1 (0:1)	Albanien – Polen	2:0 (1:0)
Polen – Albanien	1:0 (1:0)	Albanien – Tschechien	3:0 (1:0)
Moldau – Tschechien	0:0	Färöer – Polen	0:2 (0:1)
Albanien – Moldau	2:0 (0:0)	Tschechien – Färöer	1:0 (0:0)
Färöer – Tschechien	0:3 (0:2)	Polen – Moldau	1:1 (0:1)
Moldau – Polen	3:2 (0:2)	Polen – Tschechien	1:1 (1:0)
Färöer – Albanien	1:3 (1:1)	Moldau – Albanien	1:1 (0:1)
Polen – Färöer	2:0 (0:0)	Tschechien – Moldau	3:0 (1:0)
Tschechien – Albanien	1:1 (0:0)	Albanien – Färöer	0:0

GRUPPE G

1.	Ungarn	8	16:7	18
2.	Serbien	8	15:9	14
3.	Montenegro	8	9:11	11
4.	Litauen	8	8:14	6
5.	Bulgarien	8	7:14	4

Bulgarien – Montenegro	0:1 (0:0)	Montenegro – Bulgarien	2:1 (1:0)
Serbien – Litauen	2:0 (1:0)	Litauen – Serbien	1:3 (1:3)
Ungarn – Bulgarien	3:0 (3:0)	Bulgarien – Litauen	0:2 (0:1)
Montenegro – Serbien	0:2 (0:0)	Ungarn – Serbien	2:1 (2:1)
Litauen – Bulgarien	1:1 (1:1)	Serbien – Montenegro	3:1 (1:1)
Montenegro – Ungarn	0:0	Litauen – Ungarn	2:2 (2:0)
Ungarn – Litauen	2:0 (1:0)	Bulgarien – Ungarn	2:2 (1:1)
Bulgarien – Serbien	1:1 (0:0)	Montenegro – Litauen	2:0 (1:0)
Serbien – Ungarn	1:2 (1:2)	Ungarn – Montenegro	3:1 (0:1)
Litauen – Montenegro	2:2 (0:0)	Serbien – Bulgarien	2:2 (1:0)

GRUPPE F

1.	Belgien	8	22:4	20
2.	Österreich	8	17:7	19
3.	Schweden	8	14:12	10
4.	Aserbaidschan	8	7:17	7
5.	Estland	8	2:22	1

Schweden – Belgien	0:3 (0:1)	Belgien – Estland	5:0 (2:0)
Österreich – Aserbaidschan	4:1 (2:0)	Schweden – Österreich	1:3 (0:0)
Schweden – Aserbaidschan	5:0 (1:0)	Österreich – Belgien	2:3 (0:1)
Österreich – Estland	2:1 (0:1)	Estland – Aserbaidschan	0:2 (0:2)
Aserbaidschan – Estland	1:1 (0:1)	Aserbaidschan – Österreich	0:1 (0:0)
Belgien – Österreich	1:1 (0:1)	Belgien – Schweden	1:1 (1:1)
Österreich – Schweden	2:0 (0:0)	Estland – Österreich	0:2 (0:2)
Estland – Belgien	0:3 (0:2)	Aserbaidschan – Schweden	3:0 (2:0)
Aserbaidschan – Belgien	0:1 (0:1)	Belgien – Aserbaidschan	5:0 (4:0)
Estland – Schweden	0:5 (0:3)	Schweden – Estland	2:0 (1:0)

GRUPPE H

1.	Dänemark	10	19:10	22
2.	Slowenien	10	20:9	22
3.	Finnland	10	18:10	18
4.	Kasachstan	10	16:12	18
5.	Kasachstan	10	9:13	9
6.	San Marino	10	3:31	0

Kasachstan – Slowenien	1:2 (1:0)	Kasachstan – Nordirland	1:0 (1:0)
Dänemark – Finnland	3:1 (1:0)	Finnland – Dänemark	0:1 (0:0)
San Marino – Nordirland	0:2 (0:1)	San Marino – Slowenien	0:4 (0:2)
Kasachstan – Dänemark	3:2 (0:2)	Nordirland – San Marino	3:0 (2:0)
Slowenien – San Marino	2:0 (0:0)	Slowenien – Finnland	3:0 (2:0)
Nordirland – Finnland	0:1 (0:1)	Dänemark – Kasachstan	3:1 (2:0)
Dänemark – Nordirland	1:0 (1:0)	Nordirland – Slowenien	0:1 (0:1)
Finnland – Slowenien	2:0 (1:0)	Finnland – Kasachstan	1:2 (1:0)
San Marino – Kasachstan	0:3 (0:1)	San Marino – Dänemark	1:2 (0:1)
Nordirland – Kasachstan	0:1 (0:0)	Kasachstan – San Marino	3:1 (1:0)
Finnland – San Marino	6:0 (2:0)	Finnland – Nordirland	4:0 (1:0)
Slowenien – Dänemark	1:1 (1:1)	Dänemark – Slowenien	2:1 (1:1)
Kasachstan – Finnland	0:1 (0:0)	Nordirland – Dänemark	2:0 (0:0)
Dänemark – San Marino	4:0 (3:0)	Slowenien – Kasachstan	2:1 (1:0)
Slowenien – Nordirland	4:2 (3:1)	San Marino – Finnland	1:2 (0:0)

GRUPPE I

1.	**Rumänien**	10	16:5	22
2.	**Schweiz**	10	22:11	17
3.	Israel	10	11:11	15
4.	Belarus	10	9:14	12
5.	Kosovo	10	10:10	11
6.	Andorra	10	3:20	2

Belarus – Schweiz	0:5 (0:3)	Schweiz – Andorra	3:0 (0:0)
Israel – Kosovo	1:1 (0:1)	Israel – Belarus	1:0 (0:0)
Andorra – Rumänien	0:2 (0:1)	Rumänien – Kosovo	2:0 (0:0)
Schweiz – Israel	3:0 (1:0)	Andorra – Kosovo	0:3 (0:1)
Rumänien – Belarus	2:1 (2:0)	Belarus – Rumänien	0:0
Kosovo – Andorra	1:1 (0:0)	Schweiz – Belarus	3:3 (1:0)
Andorra – Schweiz	1:2 (0:2)	Rumänien – Andorra	4:0 (3:0)
Belarus – Israel	1:2 (1:0)	Kosovo – Israel	1:0 (1:0)
Kosovo – Rumänien	0:0	Israel – Schweiz	1:1 (0:1)
Schweiz – Rumänien	2:2 (2:0)	Belarus – Andorra	1:0 (0:0)
Israel – Andorra	2:1 (1:0)	Schweiz – Kosovo	1:1 (0:0)
Belarus – Kosovo	2:1 (0:0)	Israel – Rumänien	1:2 (1:1)
Andorra – Belarus	0:0	Rumänien – Schweiz	1:0 (0:0)
Rumänien – Israel	1:1 (1:0)	Andorra – Israel	0:2 (0:1)
Kosovo – Schweiz	2:2 (0:1)	Kosovo – Belarus	0:1 (0:1)

GRUPPE J

1.	**Portugal**	10	36:2	30
2.	**Slowakei**	10	17:8	22
3.	Luxemburg	10	13:19	17
4.	Island	10	17:16	10
5.	Bosnien-H.*	10	9:20	9
6.	Liechtenstein	10	1:28	0

Portugal – Liechtenstein	4:0 (1:0)	Island – Bosnien-H.*	1:0 (0:0)
Slowakei – Luxemburg	0:0	Portugal – Luxemburg	9:0 (4:0)
Bosnien-H.*– Island	3:0 (2:0)	Slowakei – Liechtenstein	3:0 (3:0)
Liechtenstein – Island	0:7 (0:2)	Island – Luxemburg	1:1 (1:0)
Slowakei – Bosnien-H.*	2:0 (2:0)	Portugal – Slowakei	3:2 (2:0)
Luxemburg – Portugal	0:6 (0:4)	Liechtenstein – Bosnien-H.*	0:2 (0:2)
Luxemburg – Liechtenstein	2:0 (0:0)	Island – Liechtenstein	4:0 (2:0)
Island – Slowakei	1:2 (1:1)	Bosnien-H.* – Portugal	0:5 (0:5)
Portugal – Bosnien-H.*	3:0 (1:0)	Luxemburg – Slowakei	0:1 (0:0)
Island – Portugal	0:1 (0:1)	Slowakei – Island	4:2 (2:1)
Bosnien-H.*– Luxemburg	0:2 (0:1)	Luxemburg – Bosnien-H.*	4:1 (2:0)
Liechtenstein – Slowakei	0:1 (0:1)	Liechtenstein – Portugal	0:2 (0:0)
Slowakei – Portugal	0:1 (0:1)	Portugal – Island	2:0 (1:0)
Bosnien-H.*– Liechtenstein	2:1 (2:1)	Bosnien-H.*– Slowakei	1:2 (0:0)
Luxemburg – Island	3:1 (1:0)	Liechtenstein – Luxemburg	0:1 (0:0)

Bosnien-H.* = Bosnien und Herzegowina

„Alles machbar beim Nachbar" – in speziell angefertigten T-Shirts feiern die österreichischen Spieler nach dem 1:0-Sieg in Aserbaidschan die EM-Qualifikation. Die Alpenrepublik ist zum vierten Mal beim Turnier dabei.

Ausgerutscht: Die direkte EM-Qualifikation hat Robert Lewandowski mit der der polnischen Nationalmannschaft verpasst. In den Playoffs erhalten der zweimalige Weltfußballer und seine Kollegen eine weitere Chance.

DREI WEITERE TEILNEHMER IN DEN PLAYOFFS

Warum einfach, wenn es auch kompliziert geht? Das dachte sich offenbar die UEFA, als sie im Vorfeld der EM 2021 den gewohnten und bewährten Qualifikationsmodus änderte. In erster Linie deshalb, um den sportlichen Wert der umstrittenen, 2018 eingeführten Nations League zu stärken. Für die EM 2024 mit 24 Mannschaften und dem automatisch beteiligten Gastgeber Deutschland bedeutete dies: Nur 20 EM-Teilnehmer wurden in den Qualifikationsspielen zwischen März und November 2023 ermittelt, die verbleibenden drei werden in den Playoffs am 21. und 26. März 2024 ausgespielt.

Und dabei wird es kurios und kompliziert: Entscheidend für die zwölf Playoff-Startplätze und die Ansetzung der neun Playoff-Spiele waren nicht etwa die Abschlusstabellen der zehn EM-Qualifikationsgruppen, sondern die der Nations-League-Saison 2022/23. Die Grundidee der UEFA: Die vier Gruppensieger der Nations-League-Liga A spielen im März 2024 um den ersten noch freien EM-Startplatz, die vier Gruppensieger der Nations-League-Liga B um den zweiten und die vier Gruppensieger der Nations-League-Liga C um den dritten – jeweils in einem eigenen Playoff-Pfad.

Ist ein Gruppensieger bereits für die EM qualifiziert, rückt nicht etwa der Nächstplatzierte der Gruppe nach, sondern der Nächstplatzierte der Gesamttabelle der jeweiligen Nations-League-Liga A, B und C (alle 16 Teams). Eine Sonderrolle hat die nur aus sieben Teams bestehende, sportlich schwächste Nations-League-Liga D. Sie ist die einzige ohne eigenen Playoff-Pfad. Dafür steht ihre beste Mannschaft, sofern nicht selbst für die EM qualifiziert, als Nachrücker bereit, sollte es in einem der drei Playoff-Pfade weniger als vier Teams geben. Nachdem von den 16 Teams der sportlich stärksten

Nations-League-Liga A alle mit Ausnahme von Polen und Wales nach Abschluss der EM-Qualifikation ihren EM-Startplatz bereits sicher hatten, musste Playoff-Pfad A aufgefüllt werden. Zu Polen und Wales gesellten sich Estland als Nachrücker aus der Nations-League-Liga D und – per Losentscheid – Finnland aus der Nations-League-Liga B.

Von den vier Gruppensiegern aus der Nations-League-B lösten Schottland (Gruppe 1) und Serbien (Gruppe 4) ihr EM-Ticket in der Qualifikation. Zu den Gruppensiegern Israel (Gruppe 2) und Bosnien-Herzegowina (Gruppe 3) rückten Israel und Island als Nächstplatzierte der Gesamttabelle von Nations-League-Liga B in den Playoff-Pfad B nach.

Von den vier Gruppensiegern aus der schwächeren Nations-League-Liga C schaffte nur die Türkei (Gruppe 1) die direkte EM-Qualifikation. Playoff-Pfad C besteht somit aus den Gruppensiegern Griechenland (Gruppe 2), Kasachstan (Gruppe 3) und Georgien (Gruppe 4) sowie Luxemburg als Nächstplatzierten, nämlich Fünften, der Gesamttabelle von Nations-League-Liga C.

Die Halbfinalpaarungen in den drei Playoff-Pfaden ergeben sich aus den Platzierungen in den Abschlusstabellen: Das bestplatzierte Team empfängt das viertplatzierte, das zweitplatzierte das drittplatzierte. Das Heimrecht in den drei Finalspielen wurde am 23. November 2023 in der UEFA-Zentrale in Nyon durch den deutschen Europameister von 1996, Steffen Freund, ausgelost.

Der neue Qualifikationsmodus führte zu mehreren fragwürdigen Entscheidungen: So haben die Norweger um Superstar Erling Haaland als Drittplatzierte in EM-Qualifikationsgruppe A keine zweite Chance auf die Teilnahme mehr, die Georgier als Viertplatzierte hingegen schon. Schweden besiegte Estland in der Qualifikation 5:0 und 2:0, schloss Gruppe F als Dritter ab und bleibt in den Playoffs außen vor. Die Esten als siegloses Schlusslicht dürfen hingegen weiter hoffen.

Bei der Auslosung in der UEFA-Zentrale in Nyon betätigte sich Steffen Freund, Europameister von 1996, als „Glücksfee".

PLAYOFF-PFAD A

Halbfinale (21. März 2024) **Finale (26. März 2024)**

- WALES – FINNLAND
- POLEN – ESTLAND

PLAYOFF-PFAD B

Halbfinale (21. März 2024) **Finale (26. März 2024)**

- BOSNIEN-HERZEGOWINA – UKRAINE
- ISRAEL – ISLAND

PLAYOFF-PFAD C

Halbfinale (21. März 2024) **Finale (26. März 2024)**

- GEORGIEN – LUXEMBURG
- GRIECHENLAND – KASACHSTAN

EM-STADIEN

Die Stadionstruktur der Europameisterschaft kann sich sehen lassen. Die 51 Spiele finden in zehn hochmodernen Stadien statt. Der Endspielort, das Olympiastadion in Berlin, ist das einzige mit einer Leichtathletiklaufbahn – bei der letzten Europameisterschaft in Deutschland 1988 war dies noch in allen Spielstätten der Fall. Die anderen neun Stadien sind Fußballtempel, ihre Tribünen reichen nahezu bis an den Rasen heran. Dennoch finden in ihnen auch andere Veranstaltungen als Fußballspiele statt, die Arenen in Gelsenkirchen, Frankfurt und Düsseldorf verfügen sogar über ein mobiles Dach. Hannover ist der einzige Spielort, der im Vergleich zu 1988 weggefallen ist. Neu hinzugekommen sind Berlin, Dortmund und Leipzig. Die Stadien in Berlin, Dortmund und Stuttgart wurden seit ihrer Eröffnung mehrfach renoviert und präsentieren sich längst in einem modernen Gewand, die anderen sieben wurden anlässlich der WM 2006 neu gebaut, zumeist an gleicher Stelle wie ihre Vorgänger.

Für die Dauer der Europameisterschaft erhielten acht Stadien neue, werbefreie Namen. In allen Spielstätten ist die Zuschauerkapazität geringer als im nationalen Spielbetrieb, da die Medientribünen vergrößert und die Stehplätze nach UEFA-Statuten bestuhlt werden müssen.

Bei der Verteilung der 51 Spiele setzten die EM-Organisatoren auf ein bewährtes Muster: Analog zum Sommermärchen der WM 2006 wird das Eröffnungsspiel in München ausgetragen, die Halbfinals in Dortmund und München und das Finale in Berlin.

BERLIN Olympiastadion Berlin

MÜNCHEN Munich Football Arena

DORTMUND BVB Stadion Dortmund

STUTTGART Stuttgart Arena

HAMBURG Volksparkstadion Hamburg

DÜSSELDORF Düsseldorf Arena

FRANKFURT Frankfurt Arena

KÖLN Cologne Stadium

GELSENKIRCHEN Arena Auf Schalke

LEIPZIG Leipzig Stadium

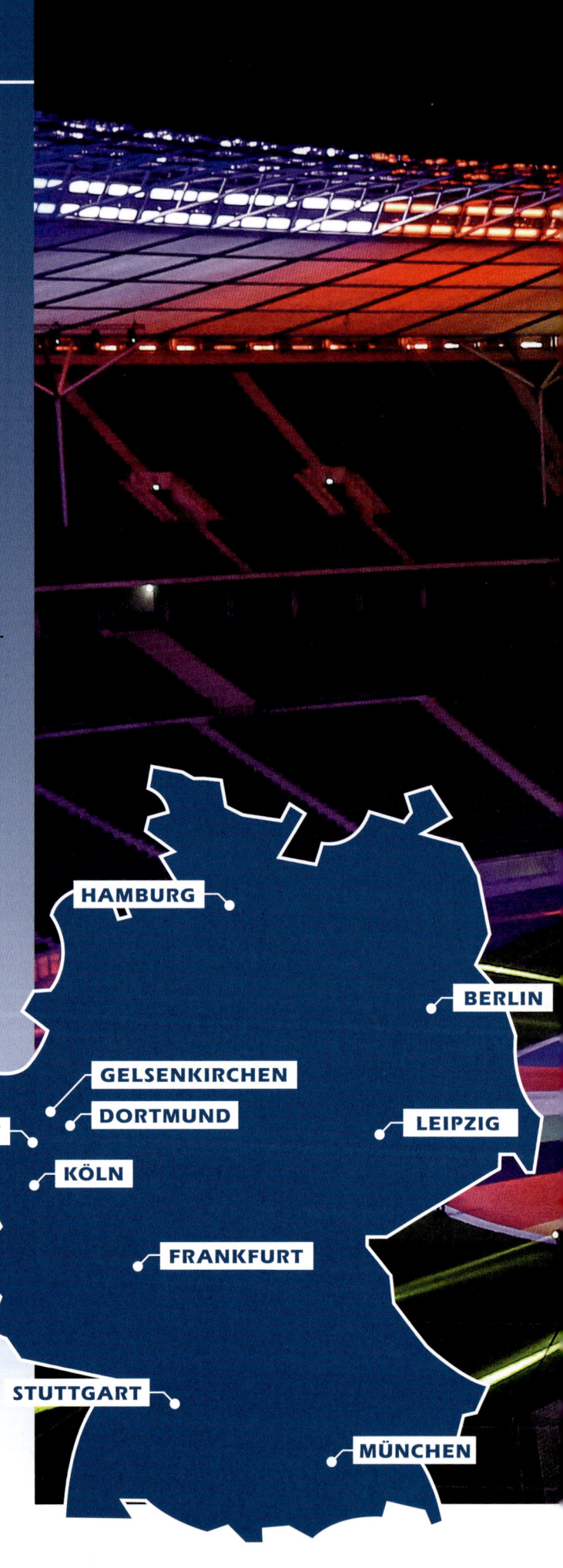

Der Schauplatz des Finales: das Olympiastadion in Berlin.

BERLIN

Mit einer Kapazität für 70.000 Zuschauer ist das Stadion des Endspiels das größte der EM und mit 88 Jahren das zweitälteste. Erbaut wurde es für die Olympischen Sommerspiele 1936 als zentrales Gebäude des 130 Hektar großen Olympiageländes, zu dem unter anderem auch ein Schwimmstadion, ein Hockeystadion und ein Reitplatz gehören. Für die WM 1974 erhielten die Haupttribüne und die Gegengerade ein Dach, im Vorfeld der WM 2006 wurde es vier Jahre lang und unter Wahrung des Denkmalschutzes bei laufendem Bundesligaspielbetrieb umfassend modernisiert.

Der Rasen und die Leichtathletiklaufbahn wurden um 2,65 Meter tiefergelegt, wodurch im vollständig neu erbauten Unterrang zwei zusätzliche Reihen entstanden. In den ebenerdigen Umlauf wurden über 100 Logen integriert, der Oberrang wurde abgesehen von den obersten acht Reihen ebenfalls neu errichtet. Aufgesetzt wurde eine aus weißen Membranen und aus Glaselementen bestehende beleuchtbare Dachkonstruktion, in die auch die Flutlichtanlage integriert ist. Das Dach ruht auf 20 Stahlträgern, die im Oberrang auf vielen Plätzen die Sicht einschränken. Erhalten blieben die historische Außenfassade, die Leichtathletiklaufbahn und das markanteste Baumerkmal: Die Öffnung über dem Marathontor, die eine Sichtachse über das Maifeld hin zum Glockenturm ergibt, in dem sich einst die Olympiaglocke befand, das Logo der Sommerspiele 1936. Eigentümer des Olympiastadions war über viele Jahre hinweg der Bund, der auch das Gros der Modernisierungen hinsichtlich der WM 2006 finanzierte. 2005 gingen Eigentum und Betrieb an das Land Berlin über. Bei der WM 1974 fanden hier drei Spiele statt, bei der WM 2006 sechs, darunter das Finale. Bei der EM 1988 blieb das Olympiastadion aus politischen Gründen unberücksichtigt, bei der Frauen-WM war es Schauplatz des Eröffnungsspiels.

Hertha BSC ist seit Bundesligagründung 1963 Dauermieter (abgesehen von seinen zwei Spielzeiten in der Amateuroberliga Mitte der 1980er Jahre). Auf Wunsch des Vereins wurde die Farbe der Leichtathletiklaufbahn im Zuge der Modernisierungen Anfang des neuen Jahrtausends von rot in blau geändert. 1964/65 fanden zudem die Heimspiele von Tasmania Berlin im Olympiastadion statt, von 1984 bis 1990 die von Blau-Weiß 90 Berlin. 1986 war es Schauplatz des Finalrückspiels um den UEFA-Cup und 2015 des Finales der Champions League. Von 2003 bis 2007 diente das Olympiastadion auch als Heimat für die American-Footballer der Berlin Thunder, seit 1985 ist es dauerhafter Spielort des DFB-Pokalfinales.

FAKTEN

Name: Olympiastadion Berlin
EM-Name: Olympiastadion Berlin
Fassungsvermögen: 74.475 Zuschauer
EM-Fassungsvermögen: 70.000 Zuschauer
Eröffnung: 1936
Eigentümer: Land Berlin
EM-Spiele: 6 (3 Gruppenspiele, 1 Achtelfinale, 1 Viertelfinale, Finale)

MÜNCHEN

Die EM 2024 beginnt in demselben Stadion wie die WM 2006. Das Eröffnungsspiel in der Münchner Allianz Arena legte vor 18 Jahren den Grundstein für das Sommermärchen. In der bayerischen Landeshauptstadt brach hektische Betriebsamkeit aus, als das Turnier im Jahr 2000 nach Deutschland vergeben wurde. Eine Modernisierung des weitläufigen Olympiastadions oder der Neubau eines reinen Fußballstadions auf dem gegenüberliegenden ZHS-Gelände wurden angedacht. Die Wahl fiel schließlich auf ein brach liegendes Grundstück im Stadtteil Fröttmaning unmittelbar neben dem Autobahnkreuz München-Nord. Per Bürgerentscheid gab die Münchner Bevölkerung ihr Einverständnis.

Die Bundesligisten FC Bayern und TSV 1860 traten zu gleichen Teilen als Bauherren, Eigentümer und Betreiber auf. Zwischen 2002 und 2005 wurde das Stadion errichtet, der Versicherungskonzern Allianz hatte sich bereits zu Baubeginn das Namensrecht gesichert. Mit der Stadtverwaltung wurde vereinbart, dass im Innenraum der Allianz Arena 90 Jahre lang ausschließlich Fußballspiele stattfinden dürfen, damit diese nicht in Konkurrenz zum städtischen Olympiastadion tritt. Für das erste Spiel der US-Football-Liga NFL auf deutschem Boden 2022 wurde vom Stadtrat eine Ausnahmegenehmigung erteilt. Markenzeichen der Allianz Arena ist die auch knapp zwei Jahrzehnte nach der Eröffnung noch immer futuristisch anmutende Außenfassade, die aus fast 3000 luftgefüllten Membrankissen besteht, die in unterschiedlichen Farben beleuchtet werden können: in rot für den FC Bayern, in weiß für die Nationalmannschaft und lange Jahre auch in blau für den TSV 1860. Der kleinere der Münchner Bundesligisten hatte sich mit dem Stadion jedoch übernommen, verkaufte seinen Anteil bereits 2006 an den FC Bayern und mietete es bis 2017 noch für seine Heimspiele an.

Die Allianz Arena fasste anfangs 66.000 Zuschauer, im Laufe der Jahre wurde die Kapazität durch Umbauarbeiten sukzessive auf 75.024 Zuschauer gesteigert, die sich nahezu gleichmäßig auf Unter-, Mittel- und Oberrang verteilen. Ein Jahr nach dem Auszug des TSV 1860 wurde der bis dahin neutrale Innenraum in den Vereinsfarben des Eigentümers gestaltet. Die grauen Sitzschalen im Mittelrang wurden gegen rote ausgetauscht und über allen drei Rängen die Schriftzüge FC Bayern München und Mia san mia sowie das Vereinslogo optisch dargestellt.

Höhepunkte in der Allianz Arena waren sechs Spiele der WM 2006, neben dem Eröffnungsspiel auch ein Halbfinale, vier Partien der europaweit ausgetragenen EM 2021 sowie das Champions-League-Finale 2012, das als „Drama dahoam" in die Vereinsgeschichte des FC Bayern einging.

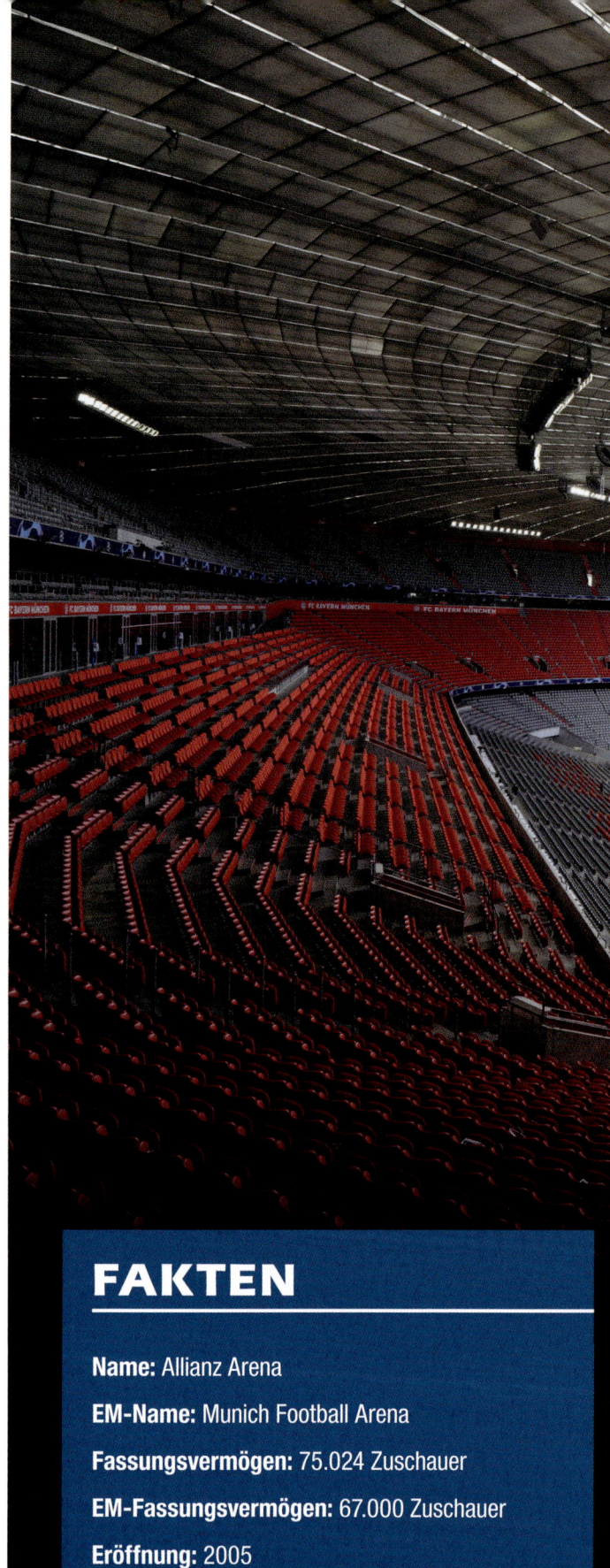

FAKTEN

Name: Allianz Arena

EM-Name: Munich Football Arena

Fassungsvermögen: 75.024 Zuschauer

EM-Fassungsvermögen: 67.000 Zuschauer

Eröffnung: 2005

Eigentümerin: FC Bayern München AG

EM-Spiele: 6 (4 Gruppenspiele, 1 Achtelfinale, 1 Halbfinale)

DORTMUND

Mit einem Fassungsvermögen von 81.365 Zuschauern ist das Dortmunder Stadion das größte in Deutschland, die Südtribüne mit 24.454 Stehplätzen ist sogar die größte in Europa. Bei der EM finden 66.000 Besucher in der Heimspielstätte von Borussia Dortmund Platz. Errichtet wurde das Stadion anlässlich der WM 1974 in unmittelbarer Nachbarschaft zum Messezentrum Westfalenhallen Dortmund und zum Stadion Rote Erde, der langjährigen Heimat des BVB..

Die westfälische Großstadt profitierte damals vom Rückzug der Kölner Bewerbung. Die Fördermittel des Bundes und des Landes Nordrhein-Westfalen flossen dadurch in den Bau des Westfalenstadions. Bei der WM 1974 war es das einzige reine Fußballstadion ohne Leichtathletiklaufbahn, vier Spiele fanden damals darin statt. Zwei Monate vor dem Turnier zog der damalige Zweitligist Borussia Dortmund in den Neubau um, dessen Markenzeichen die vier nicht miteinander verbundenen Tribünen waren. Die Nord- und die Südtribüne waren reine Stehplatztribünen und im Gegensatz zu den Sitzplatztribünen auf der Ost- und der Westseite nur zu rund 80 Prozent überdacht.

Die erste bauliche Veränderung fand 1992 statt, als auch auf der Nordtribüne Sitzplätze installiert wurden und sich dadurch das Fassungsvermögen von 54.000 auf 42.800 Zuschauer verringerte. Angesichts der sportlichen Erfolge der Borussia in den 1990er Jahren wurden die Rufe nach einer Stadionvergrößerung lauter. 1995 übertrug die Stadt Dortmund dem Verein das Stadion in Erbbaurecht, es folgten drei Ausbaustufen: 1995 wurden West- und Osttribüne um einen Oberrang mit jeweils 6000 Sitzplätzen aufgestockt. 1998 und 1999 wurde die Stehplatztribüne im Süden ausgebaut und auch die Nordtribüne bekam einen Oberrang. 2002 und 2003 wurden die vier Tribünen durch den Ausbau der Eckbereiche miteinander verbunden, zudem erhielt das Stadion sein markantes Dach, das von acht gelben, 62 Meter hohen Stahlpylonen getragen wird. Ab 2011 wurden auf dem Dach Photovoltaikmodule installiert.

Zur Finanzierung der letzten Ausbaustufe verkaufte der BVB das Stadion 2002 an einen Immobilienfonds. Zwischenzeitlich war er Leasingnehmer, 2005 kaufte er es wieder zurück. Eigentümerin ist seither die Borussia Dortmund GmbH & Co. KGaA. Im gleichen Jahr stieg der Versicherungs- und Finanzdienstleistungskonzern Signal Iduna als Namenssponsor ein. Bei der EM 1988 ging Dortmund mit seiner Bewerbung leer aus, bei der WM 2006 fanden hier sechs Spiele statt. Ein weiterer sportlicher Höhepunkt war das UEFA-Cup-Finale 2001.

FAKTEN

Name: Signal Iduna Park

EM-Name: BVB Stadion Dortmund

Fassungsvermögen: 81.365 Zuschauer

EM-Fassungsvermögen: 66.000 Zuschauer

Eröffnung: 1974

Eigentümerin: Borussia Dortmund GmbH & Co. KGaA

EM-Spiele: 6 (4 Gruppenspiele, 1 Achtelfinale, 1 Halbfinale)

STUTTGART

Kein anderes EM-Stadion hat derart viele Umbauten erlebt wie das in Stuttgart-Bad Cannstatt. Während andernorts an den Stellen der weitläufigen ovalen Stadien mit Leichtathletiklaufbahn komplette Neubauten in Form reiner Fußballarenen entstanden sind, rollten in der Schwabenmetropole über Jahrzehnte hinweg immer wieder die Bagger an. 1933 wurde das Stadion eröffnet, 1949 erhielt es den Namen Neckarstadion, den es 44 Jahre lang trug. 1950 wurde hier vor offiziell 102.000 Zuschauern das erste deutsche Länderspiel nach dem Zweiten Weltkrieg ausgetragen, 1959 und 1963 fanden die Europapokalendspiele der Landesmeister bzw. der Pokalsieger statt. Für das Deutsche Turnfest 1973 und für vier Spiele der WM 1974 wurden eine neue Haupttribüne errichtet und die Gegengerade überdacht.

Anlässlich der Leichtathletik-EM 1986 bekam das Stadion als erstes in Deutschland eine Videowand, zwei Jahre später diente es erneut als Schauplatz für das Endspiel im Europapokal der Landesmeister und für zwei Spiele der EM 1988. Für die Leichtathletik-WM 1993 wurde die noch heute charakteristische Membranüberdachung aufgesetzt. Da sie der ortsansässige Automobilkonzern Daimler-Benz mitfinanzierte, folgte die Umbenennung in Gottlieb-Daimler-Stadion.

In weiteren Bauabschnitten nahm das Stadion seine heutige Form an: 2001 wurde die Haupttribüne erweitert, 2005 erhielt die Gegengerade analog dazu einen Oberrang. Bei der WM 2006 wurden sechs Spiele in Stuttgart ausgetragen. Zwischen 2009 und 2011 folgte die Umwandlung in eine reine Fußballarena. Die zuletzt grüne Leichtathletiklaufbahn wurde ausgebaut und der Rasen um 1,30 Meter tiefergelegt. Dadurch konnten die Haupttribüne und die Gegengerade bis zum Spielfeld verlängert werden. Die Kurve auf der Südseite wurde abgerissen und innerhalb eines Jahres ersetzt durch eine direkt ans Spielfeld heranreichende zweistöckige Tribüne, in der sich auch eine Mehrzweckhalle mit über 2000 Plätzen befindet. Ab 2010 folgte die Umwandlung der Nordseite. Seither hat das Stadion auf allen vier Seiten einen Unter- und Oberrang.

Eigentümerin ist die Stadion NeckarPark GmbH & Co. KG, die zu 60 Prozent der Stadt und zu 40 Prozent dem VfB Stuttgart gehört. 2008 wurden die Namensrechte an den Daimler-Konzern verkauft und der Stadionname in Mercedes-Benz Arena geändert, 2023 übernahm sie die Porsche-Tochter MHP und es folgte die Umbenennung in MHP Arena. Dazwischen fanden immer wieder Modernisierungen statt wie zuletzt der Neubau des noch aus dem Jahr 1974 stammenden Unterrangs der Haupttribüne. Seit der Eröffnung 1933 ist das Stadion die Heimstätte des VfB Stuttgart, die Stuttgarter Kickers trugen hier in der Saison 1981/82 sowie in ihren Bundesligajahren 1988/89 und 1991/92 ihre Heimspiele aus. Das Fassungsvermögen verringerte sich in den vergangenen 40 Jahren von 72.000 auf 60.449 Zuschauer.

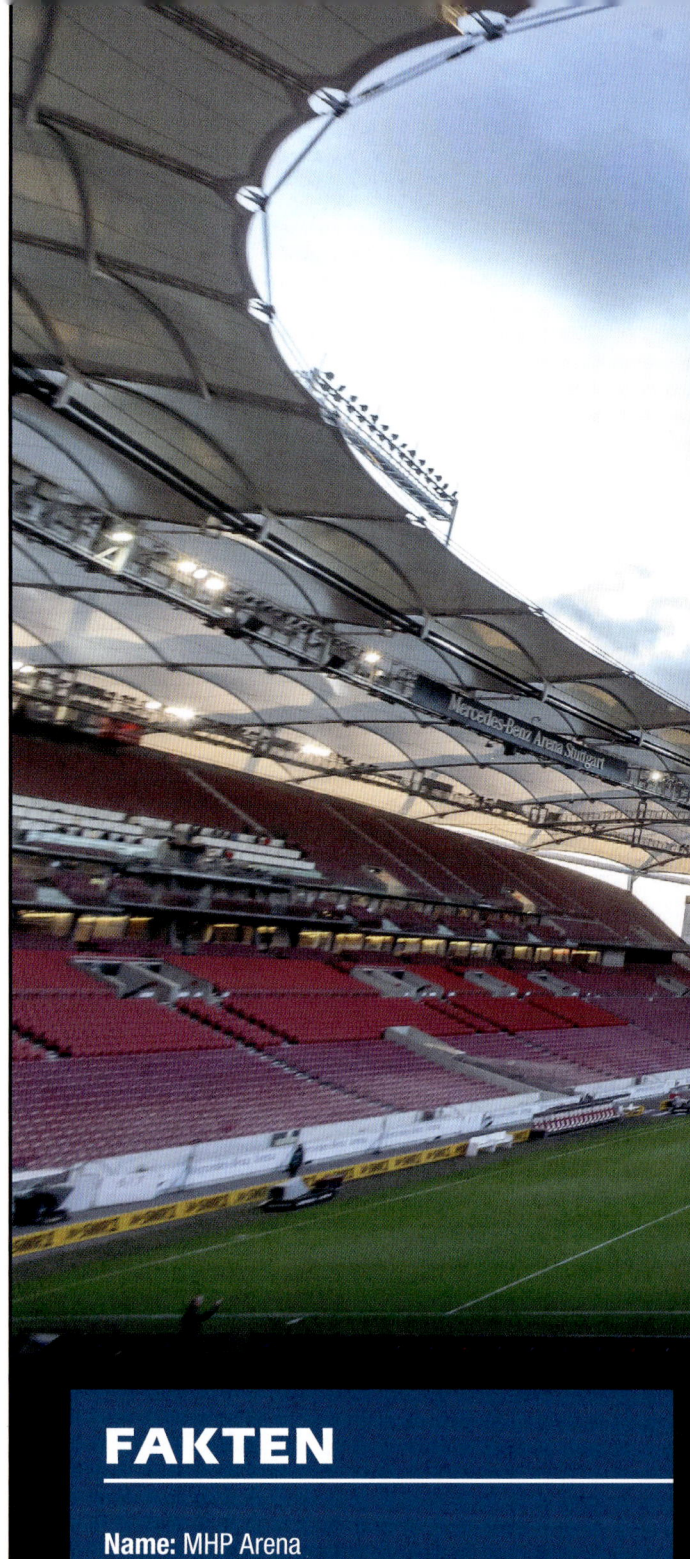

FAKTEN

Name: MHP Arena
EM-Name: Stuttgart Arena
Fassungsvermögen: 60.449 Zuschauer
EM-Fassungsvermögen: 54.000 Zuschauer
Eröffnung: 1933
Eigentümerin: Stadion NeckarPark GmbH & Co. KG
EM-Spiele: 5 (4 Gruppenspiele, 1 Viertelfinale)

HAMBURG

Im Vorfeld der WM 2006 war die Heimstätte des Hamburger SV das erste Stadion in Deutschland, das sich von einem weitläufigen Betonoval in ein reines Fußballstadion verwandelte. Der Neubau fand zwischen 1998 und 2000 bei laufendem Bundesligaspielbetrieb statt. Zunächst wurde der Rasen um 90 Grad gedreht und über die Leichtathletiklaufbahn verlegt. Anschließend wurden die Ostkurve und die Gegengerade abgerissen und durch neue, direkt an den Spielfeldrand heranreichende Tribünen ersetzt. Die Ostkurve wurde zur neuen Haupttribüne und während der Bauarbeiten mit einem provisorischen Dach bedeckt. Es folgten die Westkurve und die einstige Haupttribüne. Als letzter Schritt wurde auf die vier nun gleichhohen, aus einem Unter- und einem Oberrang bestehenden Tribünen eine aus 40 gewölbten Feldern bestehende Dachmembran aufgesetzt, die von 40 Stahlmasten gehalten wird. Nach Eröffnung des Neubaus mit 57.000 Besucherplätzen sicherte sich der damals weltweit größte Internetdienstanbieter AOL die Namensrechte.

Das alte Volksparkstadion wurde 1953 eröffnet. 75.000 Zuschauer fanden darin Platz, die meisten auf Stehplätzen. Der Hamburger SV bezog es mit Bundesligagründung 1963. Anlässlich der WM 1974 wurde die Gegengerade in eine halb überdachte Sitzplatztribüne umgebaut, dadurch sank das Fassungsvermögen auf 63.000 Zuschauer. Architektonische Besonderheit war damals der Unterrang der Haupttribüne, der deutlich flacher und mit hohen Mauern abgetrennt war vom restlichen Oval. Die Westkurve war höher als die Ostkurve, wo sich direkt hinter der Anzeigetafel ein Freibad befand. Der HSV feierte im alten Volksparkstadion die Meistertitel 1979, 1982 und 1983, die deutsche Nationalelf erlebte hier zwei ihrer legendärsten Niederlagen: Bei der WM 1974 das 0:1 gegen die DDR, bei der EM 1988 das 1:2 im Halbfinale gegen den späteren Europameister Niederlande. Insgesamt drei WM- und eine EM-Partie fanden damals im Volksparkstadion statt.

Eigentümerin und Betreiberin des neuen Volksparkstadions ist die HSV Fußball AG, die das alte Stadion 1998 für eine symbolische D-Mark von der Stadt Hamburg erworben hatte. Von 2005 bis 2007 war es die Heimat der American Footballer der Hamburg Sea Devils, bei der WM 2006 fanden hier fünf Spiele statt, 2010 das Europa-League-Finale. Bis 2007 trug das Stadion den Namen AOL Arena, danach hieß es drei Jahre lang HSH Nordbank Arena und fünf Jahre lang Imtech Arena. 2015 kaufte Unternehmer und HSV-AG-Anteilseigner Klaus-Michael Kühne die Namensrechte und gab ihm den früheren Namen Volksparkstadion zurück. Zur EM 2024 wird das Stadion auf Vordermann gebracht, unter anderem werden eine neue Dachmembran, eine neue Flutlicht- und eine neue Beschallungsanlage installiert.

FAKTEN

Name: Volksparkstadion
EM-Name: Volksparkstadion Hamburg
Fassungsvermögen: 57.000 Zuschauer
EM: Fassungsvermögen: 50.000 Zuschauer
Eröffnung: 2000
Eigentümerin: HSV Fußball AG
EM-Spiele: 5 (4 Gruppenspiele, 1 Viertelfinale)

DÜSSELDORF

1974 fanden fünf WM-Spiele im Düsseldorfer Rheinstadion statt, darunter zwei des späteren Weltmeisters Deutschland. 1988 war das nur wenige Meter vom Rheinufer entfernt gelegene Stadion Schauplatz von zwei EM-Partien, darunter das Eröffnungsspiel zwischen der DFB-Elf und Italien. Optisches Merkmal des 1925 erbauten und anlässlich der WM 1974 umfassend renovierten Stadions mit Leichtathletiklaufbahn war dessen Hufeisenform. Das Dach überspannte nur Haupttribüne, Gegengerade und Nordkurve. Die Südtribüne mit ihrer prägnanten Anzeigetafel war nur halb so hoch, direkt hinter ihr befand sich ein Freibad.

Für die WM 2006 wurde in der nordrhein-westfälischen Landeshaupt eine Generalsanierung des Rheinstadions samt Schließung der offenen Südkurve in Betracht gezogen. Letztendlich entschied man sich jedoch für einen Neubau an gleicher Stelle. Überraschend ging Düsseldorf bei der Vergabe der zwölf Spielorte leer aus. Dennoch wurden in der zweiten Jahreshälfte 2002 die Tribünen gesprengt und innerhalb von zwei Jahren eine Multifunktionsarena mit Schiebedachkonstruktion nach Gelsenkirchener Vorbild errichtet. Den Arbeiten kam zugute, dass Hauptmieter Fortuna während dieser Zeit als Viertligist in ein kleineres Stadion in der Stadt ausweichen konnte.

Architektonische Besonderheit neben dem innerhalb von 30 Minuten schließbaren Dach ist die Klima- und Lüftungstechnik, die selbst im Winter unter freiem Himmel angenehme Temperaturen auf den Tribünen garantiert. Optisches Merkmal sind die verschiedenfarbigen Sitzschalen, die bei TV-Übertragungen optisch für stets gut gefüllte Ränge sorgen, sowie die transparente Außenfassade aus Aluminium, die mit unterschiedlichen Motiven beleuchtet werden kann. Die Multifunktionsarena grenzt an den Arena-Sportpark mit weiteren Sportstätten und ist baulich mit einem U-Bahnhof sowie dem benachbarten Messegelände verbunden, zudem ist sie neben der Arena in Leverkusen die einzige mit einem integrierten Hotel.

Seit ihrer Eröffnung 2004 hatte sie unterschiedliche Bezeichnungen: LTU Arena bis 2009, ESPRIT Arena von 2009 bis 2018 und seither Merkur Spiel-Arena. Eigentümerin ist die Multifunktionsarena Immobiliengesellschaft mbH & Co. KG, Betreiber ist die D.LIVE GmbH & Co. KG, beides Tochtergesellschaften der Stadt Düsseldorf. Hauptmieter ist seit jeher Fortuna Düsseldorf, von 2005 bis 2007 trugen hier zudem die American Footballer von Rhein Fire ihre Heimspiele aus. In der Rückrunde der Saison 2008/09 diente die Arena als Übergangsquartier für Bayer 04 Leverkusen, von 2019 bis Anfang 2021 auch für den Drittligisten KFC Uerdingen. 2020 war sie einer von vier Austragungsorten des Finalturniers der Europa League.

FAKTEN

Name: Merkur Spiel-Arena

EM-Name: Düsseldorf Arena

Fassungsvermögen: 54.600 Zuschauer

EM-Fassungsvermögen: 47.000 Zuschauer

Eröffnung: 2004

Eigentümerin: Stadt Düsseldorf

EM-Spiele: 5 (3 Gruppenspiele, 1 Achtelfinale, 1 Viertelfinale)

FRANKFURT

Die Frankfurter Spielstätte entstand im Vorfeld der WM 2006 an der Stelle des früheren Waldstadions. Das 1925 errichtete, Anfang der 1950er- und Anfang der 1970er-Jahre aufwendig umgebaute Oval fasste zwischenzeitlich 87.000 Zuschauer. Mit Bundesligagründung 1963 zog Eintracht Frankfurt vom Stadion am Riederwald ins Waldstadion um. Bei der WM 1974 fanden hier das Eröffnungsspiel und vier weitere Partien statt, bei der EM 1988 lediglich zwei Partien. Fünfmal (zuletzt 1984) diente es als Austragungsort für das DFB-Finale, 1980 gewann die Eintracht vor heimischer Kulisse den UEFA-Pokal.

Anlässlich der WM 2006 folgte ein Komplettumbau bzw. kompletter Neubau. Dem Trend in deutschen Stadien folgend wurde das weitläufige Waldstadion ab 2002 bei laufendem Bundesligaspielbetrieb in eine kompakte Fußballarena ohne Leichtathletikanlage verwandelt. Nacheinander wurden die Ostkurve, die Westkurve, die Gegentribüne und die Haupttribüne abgerissen und direkt ans Spielfeld grenzend neu errichtet. 2005 war das Stadion mit vier verbundenen Tribünen samt Ober- und Unterrang fertiggestellt und wurde in Commerzbank-Arena umbenannt. Fünf Spiele der WM 2006 fanden darin statt.

Optische Merkmale sind seither die zwei sogenannten Medientürme für Werbung, Beleuchtung und Heizung hinter der Haupttribüne sowie das Membranzeltdach, das in knapp 20 Minuten geschlossen und in dem über dem Spielfeld hängenden Videowürfel zusammengefaltet werden kann. Das Fußballstadion ist seit jeher der Mittelpunkt eines Sportareals im Frankfurter Stadtwald, das mehrere Fußballfelder, ein Freibad und eine Sporthalle umfasst. Die Radrennbahn, Kunsteisfläche und Tennisanlage fielen im Laufe der Jahre Parkplätzen und einem Clubgebäude der Eintracht zum Opfer.

Eigentümerin ist die Sportpark Stadion Frankfurt am Main Gesellschaft für Projektentwicklungen mbH, die sich zu einhundert Prozent in Besitz der Stadt Frankfurt befindet. Seit 2020 betreibt Eintracht Frankfurt das Stadion mit seiner Tochtergesellschaft Eintracht Frankfurt Stadion GmbH in Eigenregie und vergab die Namensrechte an die Deutsche Bank. 2023 wurde das Fassungsvermögen durch eine Umwandlung der Nordwestkurve in eine kompletten Stehplatztribüne von 51.500 auf 60.000 Zuschauer erhöht.

Neben Eintracht Frankfurt dienten das alte und das neue Stadion von 1991 bis 2007 auch als Heimat für die American Footballer der Frankfurt Galaxy. 2011 fanden hier vier Spiele der Frauen-WM statt, darunter das Finale. Bei der Auswahl der zehn Spielorte für die EM 2024 erhielt die Frankfurter Bewerbung überraschend schlechte Noten und setzte sich nur knapp gegen Bremen, Mönchengladbach, Nürnberg und Hannover durch.

FAKTEN

Name: Deutsche Bank Park
EM-Name: Frankfurt Arena
Fassungsvermögen: 60.000 Zuschauer
EM-Fassungsvermögen: 46.000 Zuschauer
Eröffnung: 2005
Eigentümerin: Stadt Frankfurt am Main
EM-Spiele: 4 (3 Gruppenspiele, 1 Achtelfinale)

KÖLN

Das anlässlich der WM 2006 gebaute Rheinenergiestadion ist bereits das dritte große Stadion an gleicher Stelle im Sportpark Müngersdorf. Zuvor standen hier die 1923 eröffnete und 1973 abgerissene Hauptkampfbahn Müngersdorf für 60.000 Zuschauer, von der bis heute die zwei historischen Backsteingebäude hinter der Nordtribüne erhalten geblieben sind. Zwischen 1973 und 1975 wurde das Müngersdorfer Stadion errichtet, das verteilt auf einen Unter- und einen Oberrang 61.000 Zuschauer fasste. Damals ein Novum im Stadionbau: Alle Plätze waren überdacht. Ihre Bewerbung für die WM 1974 musste die Stadt Köln aus Zeit- und Kostengründen zurückziehen. Hauptmieter der Stadien ist seit Beginn der 1950er-Jahre der 1. FC Köln. Von 1967 bis 1978 waren die Hauptkampfbahn und das Müngersdorfer Stadion auch Heimat des Lokalrivalen SC Fortuna, während der Bauphase wichen beide Clubs in die benachbarte Radrennbahn aus. 1983 standen sie sich im Müngersdorfer Stadion im DFB-Pokalfinale gegenüber, bei der EM 1988 fanden hier zwei Spiele statt.

Zwischen Januar 2002 und Juni 2003 wurden nacheinander Südkurve, Westtribüne, Nordkurve und Osttribüne abgerissen oder gesprengt. An ihren Stellen entstanden bei laufendem Bundesligaspielbetrieb etappenweise neue Tribünen mit einem Ober- und einem direkt an den Spielfeldrand heranreichenden Unterrang. Dadurch verschwand nach und nach auch die einstige Leichtathletiklaufbahn. Mit Fertigstellung des Neubaus mit 50.000 Zuschauerplätzen sicherte sich der örtliche Energieversorger Rheinenergie die Namensrechte.

Architektonische Besonderheiten des Rheinenergiestadions sind die vier 60 Meter hohen Leuchtpylone, die das größtenteils aus lichtdurchlässigem Polycarbonat bestehende Stadiondach tragen, sowie der von der früheren Hauptkampfbahn Müngersdorf erhaltene Zugangsbereich aus Richtung Norden, der in den zwei denkmalgeschützten Backsteingebäuden, dem früheren Marathontor, mündet.

Das Rheinenergiestadion ist der größte Bau im Sportpark Müngersdorf, in dem viele weitere Sportstätten, Sportvereine und auch die Deutsche Sporthochschule angesiedelt sind. Eigentümerin und Betreiberin ist die Kölner Sportstätten GmbH, eine hundertprozentige Tochtergesellschaft der Stadt Köln. Bei der WM 2006 fanden im Rheinenergiestadion fünf Spiele statt, von 2004 bis 2007 diente es als Heimat für die American Footballer der Cologne Centurions. 2020 war es einer von vier Schauplätzen des Finalturniers der Europa League, unter anderem für das Endspiel. Seit 2010 ist es dauerhafter Austragungsort des DFB-Pokalfinales der Frauen.

FAKTEN

Name: Rheinenergiestadion

EM-Name: Cologne Stadium

Fassungsvermögen: 50.000 Zuschauer

EM-Fassungsvermögen: 47.000 Zuschauer

Eröffnung: 2004

Eigentümerin: Stadt Köln

EM-Spiele: 5 (4 Gruppenspiele, 1 Achtelfinale)

GELSENKIRCHEN

Während der Europameisterschaft erhält das Stadion in Gelsenkirchen seinen ursprünglichen Namen zurück: Arena Auf Schalke. Bei seiner Eröffnung 2001 setzte das Bauwerk mit 62.271 Zuschauerplätzen architektonische Maßstäbe. Durch das mobile Dach lässt sich das Stadion bei schlechtem Wetter innerhalb von nur 30 Minuten in eine geschlossene Halle verwandeln. Bereits 2002 fand hier das erste Bundesligaspiel unter Hallendach statt. Weitere Besonderheiten: Der Videowürfel war der erste in der Bundesliga direkt über dem Spielfeld. Und der komplette Rasen lässt sich innerhalb von knapp vier Stunden durch eine Hydraulikkonstruktion aus dem Stadion auf eine Freifläche vor der Südtribüne hinausschieben. Andere Veranstaltungen in der Arena finden dann auf Betonuntergrund statt.

Die Arena Auf Schalke war die erste vollständig von einem Verein finanzierte Bundesligaspielstätte, sie gilt als das Lebenswerk von Rudi Assauer. Zur Würdigung des 2019 verstorbenen langjährigen Schalke-Managers wurde ihre Adresse vom Katasteramt der Stadt Gelsenkirchen offiziell von Arenaring 1 in Rudi-Assauer-Platz 1 geändert. Eigentümerin ist die FC Schalke 04 Stadion Beteiligungs-GmbH & Co. Immobilienverwaltungs-KG. Größte Kommanditisten sind der FC Schalke 04 mit knapp 84 Prozent und die Stadtwerke Gelsenkirchen. Betreiber ist die FC Schalke 04-Stadion-Betriebsgesellschaft mbH.

2005 sicherte sich die sauerländische Bierbrauerei Veltins die Namensrechte. Im Laufe der Jahre mussten nur wenige Renovierungsarbeiten vorgenommen werden. Die größten: Von 2011 bis 2013 wurden die Dachmembranen aus Glasfaser gegen ein stabileres Polyestergewebe ausgetauscht. 2016 wurde ein neuer Videowürfel, damals der größte in Europa, installiert.

Die Arena steht knapp 500 Meter südlich des Parkstadions, der langjährigen Schalker Spielstätte (1973 bis 2001), in der fünf Spiele der WM 1974 und zwei der EM 1988 stattfanden. Das weitläufige Stadion mit Leichtathletiklaufbahn und anfangs 70.600, später 62.000 Zuschauerplätzen wurde nach Eröffnung der Arena zunächst noch als Trainingsstätte genutzt und ab 2004 zum größten Teil abgerissen. Symbolisch erhalten blieben ein Flutlichtmast und ein Teil der Gegengerade. Ab 2015 wurde diese ins Schalker Vereinsgelände integriert und 2020 als „neues Parkstadion" für die Reserve- und Nachwuchsmannschaften mit einer Kapazität für 5000 Zuschauer wiedereröffnet.

2004 fand in der Arena das Champions-League-Finale statt, 2020 eine Partie des Finalturniers der Europa League. Bei der WM 2006 war sie Austragungsort von fünf Spielen. Kuriosum: Trotz ihres Namens liegt die Arena nicht in Gelsenkirchen-Schalke, sondern im benachbarten Stadtteil Erle.

FAKTEN

Name: Veltins-Arena

EM-Name: Arena Auf Schalke

Fassungsvermögen: 62.271 Zuschauer

EM-Fassungsvermögen: 50.000 Zuschauer

Eröffnung: 2001

Eigentümerin: FC Schalke 04 Stadion Beteiligungs-GmbH & Co. Immobilienverwaltungs-KG

EM-Spiele: 4 (3 Gruppenspiele, 1 Achtelfinale)

LEIPZIG

Mit einer Kapazität von 42.000 Zuschauern ist das Leipziger Stadion die kleinste der zehn EM-Spielstätten. Es entstand zwischen 2000 und 2004 an der Stelle des früheren Zentralstadions – genauer gesagt: inmitten des früheren Zentralstadions. Von der 1956 eröffneten, 1994 geschlossenen und 1998 abgerissenen weitläufigen Sportstätte mit Fußballfeld und Leichtathletiklaufbahn – in Bezug auf seine Kapazität auch „Stadion der Hunderttausend" genannt – blieben das Hauptgebäude und der 23 Meter hohe ovale Tribünenwall erhalten, in den das neue, reine Fußballstadion eingebettet wurde. Bauherr war der Karlsruher Unternehmer Michael Kölmel. Architektonische Besonderheiten sind das geschwungene Trapezdach mit den zwei 200 Meter langen Bogenbindern, die das Dach in Längsrichtung überspannen, und die Verbindungsbrücken zwischen dem begrünten früheren Tribünenwall und der neuen Arena. Das historische fünfstöckige Hauptgebäude des alten Zentralstadions und die neue Haupttribüne wurden miteinander verbunden. Haupttribüne und Gegengerade bestehen aus einem Über- und Unterrang, die Hintertortribünen sind kleiner. Der Innenraum und die Zuschauerränge sind durch eine über drei Meter hohe Mauer voneinander getrennt. Ein unverwechselbares Merkmal waren lange Zeit auch die in Wellenform angeordneten blauen und türkisen Sitzschalen, von einer „Schwimmbadoptik" der Tribünen war die Rede. Im Zuge des Stadion-Brandings durch Red Bull wurden nach und nach rote und weiße Sitze installiert. 2022 war dieser Prozess abgeschlossen.

Der österreichische Getränkekonzern zog 2010 mit seinem ein Jahr zuvor gegründeten Retortenclub Rasenballsport Leipzig in das Stadion ein, übernahm zunächst die Namensrechte – aus dem Zentralstadion wurde die Red Bull Arena – und kaufte es Ende 2016 dem bisherigen Besitzer und Betreiber Michael Kölmel für die kolportierte Summe von 70 Millionen Euro ab. Eigentümerin ist seither die Red Bull Arena Besitzgesellschaft mbH, an der die Red Bull GmbH 94 Prozent und der RasenBallsport Leipzig e. V. sechs Prozent der Anteile hält. Betreiber ist die RasenBallsport Leipzig GmbH. Durch die Umwandlung von Sitz- in Stehplätze wuchs das Fassungsvermögen von 44.345 auf 47.069 Zuschauer.

Vor dem Einzug von Red Bull diente das Stadion von 2004 bis 2009 als Heimstätte des inzwischen aufgelösten FC Sachsen Leipzig. Dessen Spiele in Oberliga und Regionalliga lockten jedoch nur wenige Zuschauer an. Bei der WM 2006 war es Schauplatz von fünf Partien.

FAKTEN

Name: Red Bull Arena

EM-Name: Leipzig Stadium

Fassungsvermögen: 47.069 Zuschauer

EM-Fassungsvermögen: 42.000 Zuschauer

Eröffnung: 2004

Eigentümerin: Red Bull Arena Besitzgesellschaft mbH

EM-Spiele: 4 (3 Gruppenspiele, 1 Achtelfinale)

EM-HISTORIE

Erst seit 1960 werden Fußball-Europameister ermittelt. Das Turnier, wie wir es heute kennen, gibt es sogar erst seit 1980. Die ersten fünf Europameisterschaften fanden noch über knapp zwei Jahre und mit einem Endturnier der vier besten Mannschaften an einem Ort statt, der nach Ermittlung der vier Halbfinalisten kurzfristig bestimmt wurde. Die ersten zwei Europameisterschaften 1960 und 1964 wurden noch unter der Bezeichnung Europapokal der Nationen ausgetragen und erst 1966 von der UEFA nachträglich zu offiziellen EM-Turnieren erklärt.

Als „geistiger Vater" der EM gilt Henri Delaunay, 1954 und 1955 erster Generalsekretär der UEFA, nach dem auch der Siegerpokal benannt ist. Der Franzose verfolgte die Idee einer Kontinentalmeisterschaft, wie es sie in Südamerika bereits seit 1916 gab. Sein Sohn und Nachfolger im Amt des UEFA-Generalsekretärs, Pierre Delaunay, setzte die Pläne um. Zwischen Herbst 1958 und Frühjahr 1960 ermittelten 17 Nationalmannschaften im K.-o.-System die vier Teilnehmer am ersten Endturnier, vier Jahre später waren es schon 29 Teams. Zur EM 1968 wurden Gruppenspiele mit anschließendem Viertelfinale eingeführt. Die EM 1980 in Italien war die erste in der heutigen Form mit einem automatisch qualifizierten Gastgeber und vorangeschalteter Qualifikation für alle anderen Teams.

Im Grunde reicht die EM-Geschichte aber viel weiter zurück. Ab 1927, also lange vor Gründung der UEFA, ermittelten die damals führenden Fußballnationen des Kontinents – Italien, Ungarn, Tschechoslowakei, Österreich und die Schweiz – in Eigenregie fünfmal den Europapokalsieger der Nationalmannschaften. Sie trafen sich über mehrere Jahre hinweg zu Hin- und Rückspielen, am Ende standen Italien (1930 und 1935), Österreich (1932), Ungarn (1953) und die Tschechoslowakei (1960) als Titelträger fest. Die letzte Auflage von Januar 1955 bis Januar 1960, an der als sechstes Team Jugoslawien teilnahm, fand in Kooperation mit der 1954 gegründeten UEFA statt, die ab 1958 parallel dazu ihren eigenen Wettbewerb durchführte.

Auch nach 1980 wurden der Modus und die Teilnehmerzahl mehrmals verändert. 1996 wurde die Teilnehmerzahl von acht auf 16 Teams verdoppelt, 2016 kamen acht weitere dazu. Seit 1984 wird auf ein Spiel um den dritten Platz verzichtet. Im Gegensatz zu Weltmeisterschaften ist nur der Gastgeber, nicht aber der Titelverteidiger, automatisch für das nächste Turnier qualifiziert. Bei der EM 1988 in Deutschland war Frankreich als Europameister von 1984 nicht dabei.

Auf den kommenden Seiten blicken wir auf die denkwürdigsten EM-Turniere aus deutscher Sicht zurück.

EM-ENDSPIELE

Jahr	Gastgeber	Finale
1960	Frankreich	**Sowjetunion** – Jugoslawien 2:1 n.V.
1964	Spanien	**Spanien** – Sowjetunion 2:1
1968	Italien	**Italien** – Jugoslawien 1:1 n.V., 2:0 *
1972	Belgien	**Deutschland** – Sowjetunion 3:0

* Wiederholungsspiel

1976	Jugoslawien	**Tschechoslowakei** – Deutschland 7:5 n.E.	2000	Belgien/Niederlande	**Frankreich** – Italien 2:1 n.V.
1980	Italien	**Deutschland** – Belgien 2:1	2004	Portugal	**Griechenland** – Portugal 1:0
1984	Frankreich	**Frankreich** – Spanien 2:0	2008	Österreich/Schweiz	**Spanien** – Deutschland 1:0
1988	Deutschland	**Niederlande** – Sowjetunion 2:0	2012	Polen/Ukraine	**Spanien** – Italien 4:0
1992	Schweden	**Dänemark** – Deutschland 2:0	2016	Frankreich	**Portugal** – Frankreich 1:0 n.V.
1996	England	**Deutschland** – Tschechien 2:1 n.V.	2021	Europa	**Italien** – England 4:3 n.E.

Der Kapitän geht voran: Franz Beckenbauer (rechts) im Finale gegen die Sowjetunion.

1972: TRIUMPH DER WEMBLEY-ELF

1974 krönte sich deutsche Nationalmannschaft bei der WM im eigenen Land zum zweiten Mal nach 1954 zum Weltmeister. Der Grundstein dafür wurde zwei Jahre zuvor bei der Europameisterschaft gelegt. Laut Zeitzeugen sei die Elf, die im Finale im Brüsseler Heysel-Stadion die Sowjetunion mit 3:0 bezwang, die bessere gewesen, für manche war sie sogar die beste aller Zeiten. Der Trainer Helmut Schön und die (Münchner) Achse mit Torhüter Sepp Maier, Libero Franz Beckenbauer, Vorstopper Georg Schwarzenbeck, Außenverteidiger Paul Breitner, Rechtsaußen Uli Hoeneß und Mittelstürmer Gerd Müller war bei beiden Titeln die gleiche. 1974 führte im Mittelfeld der Kölner Wolfgang Overath Regie, 1972 war es der Mönchengladbacher Günter Netzer.

Den ersten Europameisterschaften 1960 und 1964, offiziell noch Europapokal der Nationen, war der DFB ferngeblieben. Der damalige Bundestrainer Sepp Herberger bezeichnete das Format als „Zeitverschwendung" und „zwischen zwei Weltmeisterschaften störend". Bei ihrer ersten Teilnahme 1968 scheiterte die DFB-Elf in den Qualifikationsspielen durch das als „die Schmach von Tirana" in die Geschichte eingegangene 0:0 auf einem Ascheplatz in Albanien. 1972 lief die Mannschaft dann zu großer Form auf. Eineinhalb Monate vor dem Endturnier der besten vier Teams in Belgien kam es im Viertelfinale zum legendären Duell mit England. Der 3:1-Hinspielsieg in London, der erste Erfolg im Mutterland des Fußballs, gilt bis heute als eines der besten Spiele einer deutschen Nationalmannschaft überhaupt, übertroffen nur vom 7:1-Triumph im WM-Halbfinale gegen Gastgeber Brasilien 42 Jahre später. Nach dem Ausfall der Stammspieler Berti Vogts, Wolfgang Overath und Wolfgang Weber musste Schön vor dem Hinspiel in London sein System ändern – und landete damit einen Volltreffer. Es war die Geburtsstunde der „Wembley-Elf". Uli Hoeneß rückte ins Mittelfeld, Spielmacher Günter Netzer agierte zurückgezogen – als „moderne Sechs" würde man seine Position heute beschreiben – und wechselte sich bei seinen Vorstößen mit dem eleganten Libero Franz Beckenbauer ab. Die Frankfurter Allgemeine Zeitung prägte an diesem Samstagabend den viel zitierten Satz: „Netzer kam aus der Tiefe des Raumes", sein Kurzpassspiel mit Beckenbauer bezeichnete die Bildzeitung als „Ramba Zamba". Das Rückspiel im Berliner Olympiastadion verlief torlos.

Das Halbfinale in Antwerpen gewann das deutsche Team mit 2:1 gegen Gastgeber Belgien. Im Finale gegen die Sowjetunion wurde es durch zwei Tore von Gerd Müller und einem des Mönchengladbachers Herbert Wimmer seiner Favoritenrolle gerecht und gewann damit 18 Jahre nach dem „Wunder von Bern" den zweiten großen internationalen Titel für Deutschland.

1976: DIE NACHT VON BELGRAD

Der FC Bayern München beherrschte Mitte der 1970er-Jahre den europäischen Vereinsfußball. Und auch die deutsche Nationalmannschaft eilte von Erfolg zu Erfolg: Als Europameister von 1972 und Weltmeister von 1974 zog sie bei der EM 1976 erneut ins Finale ein. Der spielerische Glanz jedoch war verflogen, das Team befand sich nach den Rücktritten der Weltmeister Gerd Müller, Wolfgang Overath, Jürgen Grabowski, Paul Breitner und Günter Netzer im Umbruch. In der Qualifikationsphase erledigte es die Pflicht, im Viertelfinale gegen Spanien löste es nach einem 1:1 in Madrid mit einem 2:0-Sieg im Rückspiel in München das Ticket für die Endrunde in Jugoslawien.

Dort kam es zu gleich zwei denkwürdigen Spielen. Im Halbfinale gegen die Gastgeber lag die DFB-Elf zur Halbzeit 0:2 zurück, ehe Bundestrainer Helmut Schön mit den Einwechslungen der Kölner Heinz Flohe und Dieter Müller für die Wende sorgte. Flohe erzielte den Anschlusstreffer, Müller gelang mit dem ersten Ballkontakt in seinem ersten Länderspiel der Ausgleich. In der Verlängerung ließ der Debütant das 3:2 und 4:2 folgen.

Das Finale gegen die Tschechoslowakei ging als „die Nacht von Belgrad" in die Geschichte ein. Wieder lag Deutschland 0:2 zurück. Dieter Müller traf zum 1:2, Bernd Hölzenbein gelang in der letzten Minute der regulären Spielzeit der Ausgleich. Nach der torlosen Verlängerung kam es erstmals bei einem großen Turnier zum Elfmeterschießen. Nachdem Rainer Bonhof, Heinz Flohe und Hannes Bongartz die ersten drei tschechoslowakischen Elfmetertore ausgleichen konnten, donnerte Uli Hoeneß den Ball weit über die Latte in den Belgrader Nachthimmel. „Ich war sehr müde, auch schon wegen meiner kraftraubenden Spielweise", schilderte Hoeneß das Geschehen. „Doch weil als Alternative nur der junge Dieter Müller zur Verfügung stand, wollte ich die Verantwortung nicht weiterschieben und habe einfach draufgeballert." Das Ergebnis ist bekannt. „Den Ball suchen sie in Belgrad wohl noch heute", spottete Franz Beckenbauer Jahre später.

Ebenso zur Legende wurde der folgende Elfmeter des Tschechoslowaken Antonin Panenka. Der Mittelfeldmann aus Prag verlud Torhüter Sepp Maier auf elegante Weise. Lässig schlenzte er den Ball in die Mitte des Tores, während Maier auf die linke Seite hechtete – der bis heute größte Erfolg des tschechischen und slowakischen Fußballs wurde perfekt. Derartige Lupfer werden seither als Panenkaheber bezeichnet. Ironie des Schicksals: Dass es überhaupt zu einem Elfmeterschießen kam und nicht, wie damals üblich, zu einem Wiederholungsspiel, hatte am Vorabend des Finales der DFB beantragt – ohne Absprache mit den Spielern. Deren Zorn richtete sich danach weniger gegen Unglücksrabe Hoeneß als vielmehr gegen die Funktionäre. „So ein Schmarrn", schimpfte Kapitän Beckenbauer. „Bei unserer Kondition hätten wir das zweite Spiel gewonnen."

Im Viertelfinale gegen Spanien schoss Uli Hoeneß (links) die DFB-Auswahl in Führung, im Finale wurde er zur tragischen Figur.

1980: JUBEL EINER NEUEN GENERATION

1980 präsentierte sich das EM-Turnier in neuem Gewand. Das Endturnier wurde von vier auf acht Teilnehmer aufgestockt. Gastgeber Italien war automatisch qualifiziert, in zwei Vorrundengruppen á vier Teams wurden die Endspielteilnehmer ermittelt. Erstmals gab es auch ein Logo und ein Maskottchen. So ziemlich alles neu war auch beim deutschen Team: Jupp Derwall wurde nach der WM 1978 vom Assistenten zum Nachfolger von Bundestrainer Helmut Schön befördert und leitete einen personellen Umbruch ein. Die Hoffnungen ruhten auf jungen Spielern wie den Kölnern Toni Schumacher im Tor und Bernd Schuster im Mittelfeld oder dem Münchner Karl-Heinz Rummenigge im Angriff. Nach der kurzfristigen verletzungsbedingten Absage von Rainer Bonhof waren der Hamburger Manfred Kaltz, der Kölner Bernhard Cullmann und der Duisburger Bernard Dietz die einzig verbliebenen Spieler der EM 1976, Letzterer führte das Team als mit 32 Jahren ältester Spieler als Kapitän an. Vor dem Turnier wurden diesem allenfalls Außenseiterchancen eingeräumt. „Doch das konnte uns nur recht sein. Wir fühlten uns auch so wohl in unserer Haut", sagte Rummenigge später.

Im Eröffnungsspiel gegen Titelverteidiger Tschechoslowakei revanchierte sich die DFB-Elf durch einen Treffer von Rummenigge und 1:0-Sieg für die Finalniederlage vier Jahre zuvor. Beim 3:2 gegen die Niederlande glänzte der junge Düsseldorfer Klaus Allofs als dreifacher Torschütze. Schon vor dem letzten Gruppenspiel stand der Finaleinzug fest. Bundestrainer Derwall verzichtete beim 0:0 gegen Griechenland auf angeschlagene und gelbvorbelastete Spieler.

Das Endspiel gegen das Überraschungsteam aus Belgien, das sich in seiner Vorrundengruppe gegen die stärker eingeschätzten Italiener, Engländer und Spanier durchgesetzt hatte, wurde zu Horst Hrubeschs großer Show. Erst zwei Monate vor dem EM-Turnier hatte der Mittelstürmer des Hamburger SV mit 29 Jahren sein erstes Länderspiel bestritten, nach Italien durfte er nur wegen der Verletzung des Schalkers Klaus Fischer mit. Beim 1:0 in der 10. Minute nahm er den Ball nach Zuspiel von Bernd Schuster in vollem Lauf an und drosch ihn von der Strafraumgrenze aus ins Tor des späteren Münchners Jean-Marie Pfaff – sein erster Treffer überhaupt in der Nationalmannschaft. Auch der Ausgleich der Belgier in der 72. Minute durch einen unberechtigten Foulelfmeter brachte die DFB-Elf nicht mehr aus der Spur. Eine Minute vor Ablauf der regulären Spielzeit zirkelte Rummenigge einen Eckball in den Strafraum und „Kopfballungeheuer" Hrubesch ließ den Siegtreffer folgen. Zum zweiten Mal nach 1972 war Deutschland Europameister. Rummenigge wurde von der internationalen Fachpresse zum besten Spieler des Turniers gewählt, Allofs wurde durch seinen Dreierpack aus dem Niederlandespiel Torjägerschützenkönig.

Die Europameister: Karl-Heinz Rummenigge, Toni Schumacher, Bernhard Cullmann, Bernd Schuster, Hans-Peter Briegel, Horst Hrubesch, Uli Stielike, Bundestrainer Jupp Derwall (stehend von links); Klaus Allofs, Manfred Kaltz, Bernard Dietz, Karlheinz Förster, Hansi Müller (hockend von links).

1988: ERNÜCHTERUNG IM EIGENEN LAND

Bei der Europameisterschaft 2024 wird am 14. Juli das Finale im Berliner Olympiastadion ausgetragen. Bei der Europameisterschaft 1988, der ersten und bislang einzigen auf deutschem Boden, blieb das historische Oval im Bezirk Charlottenburg außen vor. In seiner Bewerbung verzichtete der DFB unter Vorsitz von Hermann Neuberger aus politischen Gründen und auch auf Druck der UEFA auf den Spielort in der damals noch zweigeteilten Stadt. Als Kompensation wurde 1985 das DFB-Pokalfinale für einen Zeitraum von zunächst fünf Jahren nach West-Berlin vergeben. Mit seiner Bewerbung setzte sich Deutschland schließlich gegen England, Griechenland und die skandinavische Gemeinschaftskandidatur von Schweden, Norwegen und Dänemark durch. In der Qualifikation gab es eine faustdicke Überraschung: Titelverteidiger Frankreich belegte nach dem Rücktritt von Superstar Michel Platini in seiner Gruppe nur Platz drei hinter der Sowjetunion und der DDR und blieb beim EM-Turnier damit außen vor.

Im Eröffnungsspiel mühte sich die DFB-Elf unter der Regie von Teamchef Franz Beckenbauer im Düsseldorfer Rheinstadion zu einem glücklichen 1:1 gegen die junge Mannschaft aus Italien. Deutlich besser lief es im zweiten Auftritt: Mit einem 2:0 im Gelsenkirchener Parkstadion gegen Dänemark stieß das Team um Kapitän Lothar Matthäus das Tor zum Halbfinale weit auf. Durch zwei Tore von Rudi Völler und einen 2:0-Sieg gegen Spanien in München machte es den ersten Platz in Vorrundengruppe A klar.

Dadurch kam es jedoch schon im Halbfinale zu einem Duell gegen Geheimfavorit Niederlande. Das Team um Superstar Ruud Gullit vom AC Mailand musste in Vorrundengruppe B überraschend der spielstarken Sowjetunion den Vortritt lassen, zeigte fortan aber sein ganzes Potenzial. In Erinnerung geblieben sind von der EM 1988 vor allem zwei Geniestreiche von Mittelstürmer Marco van Basten, ebenfalls vom AC Mailand: Im Halbfinale im Hamburger Volksparkstadion grätschte er in der 88. Minute im Laufduell mit Vorstopper Jürgen Kohler den Ball zum 2:1-Siegtreffer ins lange Eck. Torhüter Eike Immel streckte sich vergeblich. Im Finale im Münchner Olympiastadion gegen die Sowjetunion – das Team um den späteren Mönchengladbacher Igor Belanow setzte sich in der Vorschlussrunde mühelos 2:0 gegen Italien durch – gelang ihm in der 54. Minute mit seinem Kunstschuss volley und aus spitzem Winkel zum 2:0-Endstand eines der spektakulärsten Tore der EM-Historie.

Für Trainer Rinus Michels und die „Elftal" war der Titelgewinn 14 Jahre nach dem verlorenen WM-Finale an gleicher Stelle eine späte Genugtuung. Für das deutsche Team verlief das Turnier mit dem Halbfinal-K.o. ernüchternd.

Das Duell zwischen dem deutschen Vorstopper Jürgen Kohler (links) und dem niederländischen Mittelstürmer Marco van Basten stand im Mittelpunkt des Halbfinales.

1992: CHANCENLOS GEGEN DÄNEMARKS WUNDERTEAM

Unmittelbar nach dem Triumph im WM-Finale 1990 in Rom, seinem letzten Spiel als Teamchef der deutschen Nationalmannschaft, hatte Franz Beckenbauer seinem Nachfolger Berti Vogts eine folgenschwere Hypothek hinterlassen. Angesichts der bevorstehenden Wiedervereinigung und dem Zugewinn von DDR-Spielern wie Matthias Sammer, Andreas Thom, Thomas Doll oder Ulf Kirsten, erklärte er den Weltmeister als auf Jahre hinweg unschlagbar: „Wir sind jetzt die Nummer eins in der Welt und schon lange die Nummer eins in Europa. Jetzt kommen noch die Spieler aus Ostdeutschland dazu. Ich glaube, dass die deutsche Mannschaft über Jahre hinaus nicht zu besiegen sein wird. Es tut mir leid für den Rest der Welt." Die Ernüchterung ließ nicht lange auf sich warten.

Die Auslosung der Qualifikationsgruppen für die EM 1992 hatte eigentlich ein deutsch-deutsches Duell vorgesehen, die DDR-Auswahl wurde jedoch angesichts ihrer bevorstehenden Auflösung zurückgezogen. Aus der ursprünglichen Fünfer- wurde eine Vierergruppe – und aus der vermeintlichen Pflichtübung gegen Wales, Belgien und Luxemburg ein hartes Stück Arbeit. Erst am letzten Spieltag löste die DFB-Elf das EM-Ticket.

Auch beim Turnier in Schweden versprühte der Weltmeister nur wenig Glanz. Antreiber Lothar Matthäus erlitt zwei Monate vor dem Start einen Kreuzbandriss und fehlte an allen Ecken und Enden. Stefan Effenberg, Matthias Sammer, Andreas Möller – sie alle konnten die Lücke nicht schließen. Nur beim 2:0 gegen Schottland und beim 3:2-Halbfinalsieg gegen die Gastgeber wurde das Team den hohen Erwartungen gerecht. Gegen die GUS, das ohne Flagge und Hymne angetretene Nachfolgeteam der Sowjetunion, verhinderte Thomas Häßler mit dem 1:1 in letzter Spielminute eine Auftaktpleite. Bei dem von schweren Ausschreitungen begleiteten 1:3 im abschließenden Gruppenspiel gegen Titelverteidiger Niederlande stand das Vogts-Team auf verlorenem Posten. Den Halbfinaleinzug verdanke es einzig und allein der Schützenhilfe Schottlands. Der Außenseiter, ohne Chance aufs Weiterkommen, bezwang die GUS im Parallelspiel unerwartet 3:0.

Im Endspiel fand die deutsche Elf im Überraschungsteam aus Dänemark ihren Meister. Die Skandinavier waren erst zehn Tage vor dem Eröffnungsspiel für die auf Grund des Balkankrieges ausgeschlossenen Jugoslawen nachgerückt. Statt in den Sommerurlaub reisten die Spieler kurzfristig zur EM und spielten dort auch ohne ihren abtrünnigen Star Michael Laudrup vom FC Barcelona unbeschwert auf. Am letzten Vorrundenspieltag schalteten sie Mitfavorit Frankreich mit 2:1 und im Halbfinale Titelverteidiger Niederlande mit 7:6 nach Elfmeterschießen aus. Mit dem 2:0-Sieg im Finale machten sie eine der größten Sensationen der Fußballgeschichte perfekt.

Szene aus dem Finale: Guido Buchwald (links) kann den Dänen Brian Laudrup nicht stoppen.

1996: BIERHOFFS GOLDEN GOAL

Das bekannteste Golden Goal der Fußballgeschichte: Aus der Drehung schießt Oliver Bierhoff (rechts) die DFB-Elf zum Titelgewinn.

Der EM-Pokal für die deutsche Mannschaft war der verdiente Lohn für drei Wochen harte Arbeit im Mutterland des Fußballs. Einen Ausfall nach dem anderen musste die DFB-Elf wegstecken, mit den typisch deutschen Tugenden Disziplin, Einsatz und Moral sowie einem unermüdlich antreibenden Matthias Sammer auf dem Höhepunkt seiner sportlichen Schaffenskraft hatte sie sich durchs Turnier gekämpft.

Vor dem Finale gegen Tschechien, einer Neuauflage des Endspiels 20 Jahre zuvor, war das Team derart dezimiert, dass Bundestrainer Berti Vogts nur noch auf neun Feldspieler zurückgreifen konnte und der DFB bereits Spielertrikots mit den Namen der Ersatztorhüter Oliver Kahn und Oliver Reck anfertigen ließ. Um dieser Absurdität abzuhelfen, erlaubte die UEFA beiden Finalisten, je einen Spieler nachzunominieren. Aus der Heimat reiste der Freiburger Jens Todt an. Und auch Kapitän Klinsmann, der im Halbfinale wegen eines Muskelfaserrisses gefehlt hatte, gab beim Aufwärmen grünes Licht.

Der EM-Sieg war gleichfalls der größte Augenblick für den sechs Jahre lang umstrittenen Bundestrainer Berti Vogts, der mit dem DFB-Team bei der EM 1992 das Finale erreicht hatte und bei der WM 1994 im Viertelfinale ausgeschieden war. Durch einen strittigen Elfmeter – Sammer hatte Poborsky wohl vor dem Strafraum zu Fall gebracht – waren die Tschechen in Führung gegangen. Mit der Einwechslung von Oliver Bierhoff in der 69. Minute sorgte Vogts für die Wende. Gleich mit seinem zweiten Ballkontakt köpfte der Italien-Legionär von Udinese Calcio zum Ausgleich ein. In der fünften Minute der Verlängerung ging Bierhoff als erster Schütze eines Golden Goals bei einem großen Turnier in die Geschichte ein (die aus dem Eishockey stammende Regel wurde 1994 eingeführt und 2002 wieder abgeschafft). Er nahm den Ball, mit dem Rücken zum Tor, auf Höhe der Strafraumgrenze an, drehte sich und schoss – abgefälscht trudelte der Ball am indisponierten Torhüter Kouba vorbei ins Tor. Das Spiel war aus und Deutschland zum dritten Mal Europameister.

Damit diese Geschichte geschrieben werden konnte, hatte sich erst eine andere wiederholen müssen: Wie sechs Jahre zuvor bei der WM in Italien standen sich Deutschland und England in der Vorschlussrunde gegenüber. Wieder musste das Elfmeterschießen entscheiden. Und wieder gewannen die Deutschen. Schauplatz war diesmal aber nicht Turin, sondern Wembley – ein Stich mitten hinein ins englische Fußballherz. Andreas Köpke entschärfte den sechsten Schuss der Engländer, Andreas Möller traf für Deutschland – im Finale fehlte jedoch auch er wegen seiner zweiten Gelben Karte.

Fernando Torres (links) erzielte das einzige Tor im Finale. Thomas Hitzlsperger konnte den Spanier nicht aufhalten.

2008: NUR SPANIEN WAR BESSER

Zum zweiten Mal nach 2000 in Belgien und in den Niederlanden fand die Europameisterschaft in zwei Ländern statt. Österreich und die Schweiz hatten sich mit ihrer Gemeinschaftsbewerbung für 2008 mit 9:3 Stimmen gegen Ungarn durchgesetzt. Nach den Enttäuschungen 2000 und 2004 in Portugal, als die deutsche Mannschaft jeweils in der Gruppenphase auf der Strecke blieb, reiste der DFB-Tross positiv gestimmt zum Turnier in die benachbarten Alpenländer.

Das Team war auf 15 der 23 Positionen identisch mit dem, das zwei Jahre zuvor beim WM-Sommermärchen im eigenen Land den dritten Platz belegt hatte. Joachim Löw war als Nachfolger von Jürgen Klinsmann vom Assistenten zum Bundestrainer aufgerückt.

In der Vorrunde wechselten sich Licht und Schatten ab. Dem 2:0-Auftaktsieg gegen Polen – Lukas Podolski traf doppelt gegen sein Geburtsland – folgte ein Dämpfer in Form einer 1:2-Niederlage gegen Kroatien. Das „Endspiel" ums Weiterkommen gegen Gastgeber Österreich gewann Deutschland 1:0 durch einen Freistoßtreffer von Kapitän Michael Ballack, der später zum Tor des Jahres gewählt wurde. Auch Co-Gastgeber Schweiz und Titelverteidiger Griechenland, der Sensations-Europameister von 2004, schieden nach der Gruppenphase aus. Bundestrainer Löw wurde von der UEFA für das Viertelfinale gegen Portugal gesperrt, nachdem er sich gegen Österreich ein Wortgefecht mit dem vierten Offiziellen geliefert hatte und auf die Tribüne geschickt wurde. Die Mannschaft ließ sich dadurch nicht verunsichern und setzte sich unter der Regie von Assistenztrainer Hansi Flick und nach Toren von Bastian Schweinsteiger, Miroslav Klose und Michael Ballack mit 3:2 durch. Schweinsteiger und Klose trafen auch im Halbfinale gegen die Türkei, den Siegtreffer zum 3:2 erzielte Philipp Lahm in der Nachspielzeit.

Im Finale von Wien fand die DFB-Auswahl in Spanien ihren Meister. Das einzige Tor des Tages erzielte Fernando Torres in der 33. Minute. DFB-Kapitän Michael Ballack, der torgefährlichste Mittelfeldspieler der damaligen Zeit, ging damit endgültig als „der ewige Zweite" und „der Unvollendete" in die Geschichtsbücher ein. Für die Spanier indes war der Titelgewinn der Startschuss einer goldenen Ära, in der sie sich 2010 zum Weltmeister und 2012 abermals zum Europameister krönten. Die Achse mit Torhüter Iker Casillas, Verteidiger Sergio Ramos, den Mittelfeldakteuren Andreas Iniesta, Xavier Hernandez, Cesc Fabregas und Xabi Alonso sowie Angreifer Torres war in allen drei gewonnen Endspielen dieselbe.

EM-REKORDE

Cristiano Ronaldo.

DIE MEISTEN TORE

			Spiele	Tore
1.	Cristiano Ronaldo	Portugal	25	14
2.	Michel Platini	Frankreich	5	9
3.	Alan Shearer	England	9	7
4.	Antoine Griezmann	Frankreich	11	7
5.	Ruud van Nistelrooy	Niederlande	8	6
6.	Patrick Kluivert	Niederlande	9	6
7.	Wayne Rooney	England	10	6
	Romelu Lukaku	Belgien	10	6
	Alvaro Morata	Spanien	10	6
10.	Thierry Henry	Frankreich	11	6

DIE MEISTEN SPIELE

			Turniere	Spiele
1.	Cristiano Ronaldo	Portugal	5	25
2.	Joao Moutinho	Portugal	4	19
	Pepe	Portugal	4	19
4.	Leonardo Bonucci	Italien	3	18
	Bastian Schweinsteiger	Deutschland	4	18
6.	Gianluigi Buffon	Italien	4	17
	Giorgio Chiellini	Italien	4	17
8.	Cesc Fabregas	Spanien	3	16
	Andres Iniesta	Spanien	3	16
	Jordi Alba	Spanien	3	16
	Rui Patricio	Portugal	4	16
	Lilian Thuram	Frankreich	4	16
	Edwin van der Sar	Niederlande	4	16

Alan Shearer.

Michel Platini.

DIE MEISTEN SIEGE

		Spiele	Siege
1.	Deutschland	53	27
2.	Frankreich	43	21
3.	Italien	45	21
4.	Spanien	46	21
5.	Niederlande	39	20
6.	Portugal	39	19
7.	England	38	15
8.	Tschechien (inkl. Tschechoslowakei)	29	12
9.	Belgien	22	11
10.	Dänemark	33	10

DIE HÖCHSTEN SIEGE

2000	Viertelfinale	Niederlande – Jugoslawien	6:1
2020	Gruppenphase	Spanien – Slowakei	5:0
2004	Gruppenphase	Schweden – Bulgarien	5:0
1984	Gruppenphase	Dänemark – Jugoslawien	5:0
1984	Gruppenphase	Frankreich – Belgien	5:0

DIE TORREICHSTEN SPIELE

1960	Halbfinale	Jugoslawien – Frankreich	5:4
2021	Achtelfinale	Spanien – Kroatien	5:3 n.V.
2016	Viertelfinale	Frankreich – Island	5:2
2000	Viertelfinale	Niederlande – Jugoslawien	6:1
2000	Gruppenphase	Spanien – Jugoslawien	4:3

DIE MEISTEN TITEL

1.	Deutschland	3
	Spanien	3
3.	Italien	2
	Frankreich	2

WEITERE INTERESSANTE SPORTBÜCHER

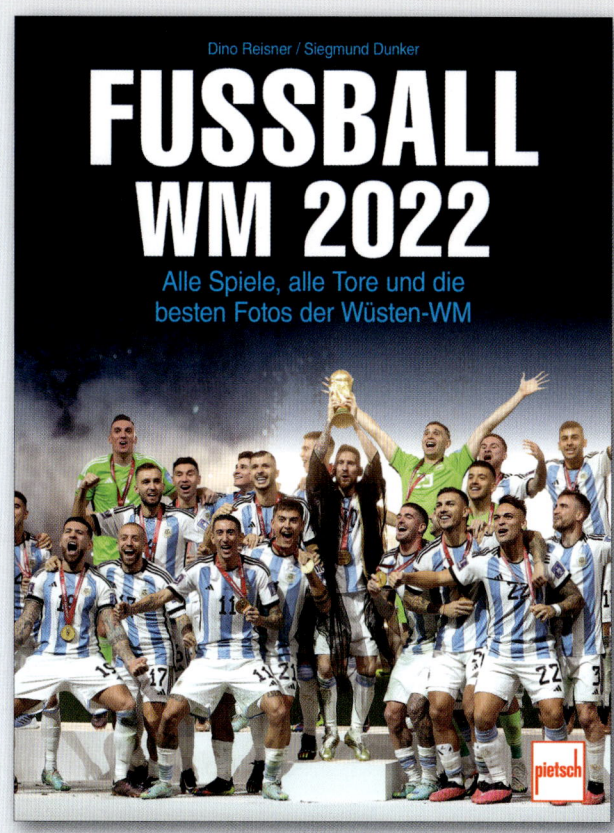

Dieses Buch enthält alle wichtigen Fakten der Wüsten-WM, erzählt von bitteren Niederlagen und alles überstrahlenden Triumphen, ist voll von kleinen und großen Dramen, porträtiert die Stars, listet die vollständige Turnierstatistik und präsentiert dies alles mit klugen Texten und den besten Fotos.
192 Seiten, 400 Abbildungen, Format 230 x 305 mm
€ 24,90 / € (A) 25,60 | ISBN 978-3-613-50937-5

Vom 4. bis zum 20. Februar 2022 zog das sportliche Großereignis Millionen von Menschen in seinen Bann. Bei 109 Wettkämpfen haben viele deutsche Medaillenanwärter um Gold, Silber und Bronze gekämpft. Das Autorenduo Dino Reisner und Siegmund Dunker blickt auf alle Höhepunkte der Olympischen Winterspiele zurück und bieten Fans eine reich illustrierte und umfassende Dokumentation aller Wettbewerbe.
176 Seiten, 400 Abbildungen, Format 230 x 305 mm
€ 19,95 / € (A) 20,60 | ISBN 978-3-613-50934-4

Vom 23. Juli bis 8. August 2021 wurden in Tokio die um ein Jahr verschobenen XXXII. Olympischen Sommerspiele ausgetragen. Die Sportjournalisten Dino Reisner und Siegmund Dunker blicken auf alle Höhepunkte der Olympischen Sommerspiele in Tokio zurück und bieten Fans, Olympia-Zuschauern und Sportinteressierten eine reich illustrierte und umfassende Dokumentation mit Berichten über alle Wettbewerbe, umfangreichen Statistiken und Platzierungen.
176 Seiten, 450 Abbildungen, Format 230 x 305 mm
€ 19,95 / € (A) 20,60 | ISBN 978-3-613-50904-7

Leseproben zu allen Titeln auf unserer Internetseite

Stand Dezember 2023
Änderungen in Preis und Lieferfähigkeit vorbehalten.

Überall, wo es Bücher gibt, oder unter
WWW.MOTORBUCH-VERSAND.DE
Service-Hotline: 0711 / 78 99 21 51

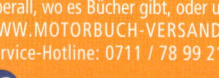 www.facebook.com/MotorbuchVerlag

WEITERE INTERESSANTE SPORTBÜCHER

Personal Coach Stefan Liebezeit präsentiert sein smartes Trainingskonzept, das aus sieben Basisbewegungsmustern und über 80 Kernübungen besteht. Nur 30 Minuten am Tag reichen, um im Alltag fit und geschmeidig zu bleiben und Problemen im Bewegungsapparat vorzubeugen.
176 Seiten, 220 Abbildungen, Format 170 x 240 mm
€ 26,– / € (A) 26,80 | ISBN 978-3-613-50953-5

Der MEN'S HEALTH Hardgainer-Guide ist die Schritt-für-Schritt-Anleitung auf dem Weg zum Traumkörper. Hardgainer zu sein ist nämlich kein unabänderliches Schicksal, denn die genetische Disposition ist nur ein Faktor für erfolgreichen Muskelaufbau.
176 Seiten, 480 Abbildungen, Format 170 x 240 mm
€ 26,– / € (A) 26,80 | ISBN 978-3-613-50946-7

»Biohacking«, auch Selbstoptimierung genannt, ist in aller Munde. In Selbstversuchen des Autors trifft die Forschung auf die Praxis, wenn der Butter im Kaffee, der Körper im Eisbad und jeden Monat mindestens ein weiteres Technik-Gadget in seiner Sammlung landet.
192 Seiten, 200 Abbildungen, Format 170 x 240 mm
€ 19,95 / € (A) 20,60 | ISBN 978-3-613-50931-3

Mehr als 420 Übungen für den perfekten Körper, die ihren Platz auch im Home-Gym finden - komplett ohne sperrige Fitnessstudiomaschinen. Insgesamt hat Mann mit diesem Buch alle wichtigen Infos in der Hand, um den gesamten Körper rundum zu kräftigen und zu stärken.
288 Seiten, 603 Abbildungen, Format 170 x 240 mm
€ 29,90 / € (A) 30,80 | ISBN 978-3-613-50929-0

Leseproben zu allen Titeln auf unserer Internetseite

Überall, wo es Bücher gibt, oder unter
WWW.MOTORBUCH-VERSAND.DE
Service-Hotline: 0711 / 78 99 21 51
www.facebook.com/MotorbuchVerlag

Stand Dezember 2023
Änderungen in Preis und Lieferfähigkeit vorbehalten.